中学

まとめ上手

歴史

Ancient Era	Middle Ages	Early Modern Period	Postmodern History

受験研究社

本書の特色

この本は，中学歴史の基礎・基本事項を豊富な図版や表を使ってわかりやすくまとめたものです。要点がひと目でわかるので，定期テスト対策用・高校入試準備用として必携の本です。

もくじ

しくみと使い方

part**1** 〜 part**6**　1節は4ページで構成しています。

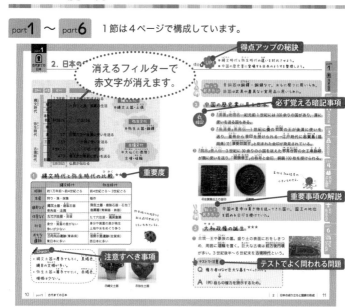

消えるフィルターで
赤文字が消えます。

- 得点アップの秘訣
- 必ず覚える暗記事項
- 重要事項の解説
- 重要度
- 注意すべき事項
- テストでよく問われる問題

関連事項の比較

🖊 年表・図解チェック

1〜3ページ目。

節を小項目に分け、それぞれの重要度に応じて★印をつけています（★→★★→★★★の3段階）。小項目は、解説文と地図・図表・写真などからなっています。

☑ チェックテスト

4ページ目は一問一答による節のチェックテストで、答えは右段にあります。

 3ページ目下には、ゴロ合わせとマンガでまとめた「最重要年代暗記」を入れています。

📖 古代〜近世の流れ

古代〜近世、近代〜現代の流れがわかる年表を設けました。

☑ まとめテスト

章末には、章の内容を復習できる「まとめテスト」があります。

📖 古代～近世の流れ

時代: 縄文 ／ 弥生 ／ 古墳 ／ 飛鳥 ／ 奈良 ／ 平安 ／ 鎌倉

日本のおもなできごと

年代	できごと
（縄文）	狩猟や採集による生活
前四世紀ごろ	稲作・金属器の使用が始まる
二三九	邪馬台国の卑弥呼が魏に使いを送る
四世紀	大和政権の統一が進む
四七八	倭王武が中国の南朝に使いを送る
五九三	聖徳太子が推古天皇の摂政になる
六三〇	第一回遣唐使が派遣される
六四五	大化の改新が始まる
七〇一	大宝律令が制定される
七一〇	藤原京から平城京に遷都する
七四三	墾田永年私財法が制定される
七九四	長岡京から平安京に遷都する
八九四	遣唐使の派遣が停止される
一〇一六	藤原道長が摂政になる（摂関政治の全盛期）
一〇八六	白河上皇が院政を始める
一一六七	平清盛が太政大臣になる
一一八五	平氏滅亡、源頼朝が守護・地頭を置く
一二二一	承久の乱がおこる
一二三二	御成敗式目が制定される

世界のおもなできごと

年代	できごと
前六世紀ごろ	シャカ（釈迦）が生まれる―仏教
前二二一	秦の始皇帝が中国を統一する
前四ごろ	イエスが生まれる―キリスト教
五八九	隋が中国を統一する
六一〇ごろ	ムハンマドがイスラム教を開く
六一八	唐が中国を統一する
六七六	新羅が朝鮮半島を統一する
九〇七	唐が滅亡する
九三六	高麗が朝鮮半島を統一する
一〇九六	十字軍の遠征が始まる（～一二七〇）
一二〇六	チンギス＝ハンがモンゴルを統一する

中国・朝鮮

中国: 秦 ／ 漢 ／ 三国 ／ 南北朝 ／ 隋 ／ 唐 ／ 五代 ／ 宋

朝鮮: 高句麗（コグリョ）・百済（ペクチェ）・新羅 ／ 新羅 ／ 高麗

鎌倉 南北朝	室町	戦国	安土桃山	江戸

日本のできごと

一二七四	文永の役(一二八一 弘安の役)
一三三三	鎌倉幕府の滅亡(一三三四 建武の新政)
一三三八	足利尊氏が征夷大将軍になる
一三九二	足利義満が南北朝を統一する
一四〇四	足利義満が日明貿易(勘合貿易)を始める
一四六七	応仁の乱が始まる(〜七七)
一五四三	ポルトガル人が鉄砲を伝える
一五四九	フランシスコ=ザビエルがキリスト教を伝える
一五九〇	豊臣秀吉が全国を統一する
一五八八	豊臣秀吉が刀狩令を出す
一六〇三	徳川家康が征夷大将軍になる
一六一五	豊臣氏の滅亡、武家諸法度が制定される
一六三五	参勤交代が制度化される
一六三七	島原・天草一揆がおこる(〜三八)
一六四一	鎖国体制が固まる
一七一六	徳川吉宗が享保の改革を始める(〜四五)
一七七二	田沼意次が老中になる
一七八七	老中松平定信が寛政の改革を始める(〜九三)
一八二五	異国船打払令が出される
一八四一	老中水野忠邦が天保の改革を始める(〜四三)

世界のできごと

一三六八	元が滅び、明がおこる
一三九二	高麗が滅び、朝鮮国がおこる
一四九二	コロンブスがアメリカに到達する
一五一七	ルターが宗教改革を始める
一五八一	オランダがスペインから独立する
一六〇〇	イギリスが東インド会社をつくる
一六四二	イギリスでピューリタン革命が始まる(〜四九)
一六八八	イギリスで名誉革命がおこる
一七七五	アメリカ独立戦争が始まる(〜八三)
一七八九	フランス革命がおこる
一八四〇	アヘン戦争が始まる(〜四二)

元	明	清

高麗	朝鮮

part1

古代までの日本

1. 人類の出現と古代の文明

月　　日

年号も覚えねば!

📎 年表・図解チェック

時代	中国	年代	おもなできごと
旧石器時代		700～600万年前	人類が出現する ●猿人→原人→新人と進化する
縄文時代	殷	前3000～前1500ごろ	古代文明がおこる ●青銅器や鉄器が使われる
	周	前800ごろ	ギリシャで都市国家(ポリス)が生まれる
	春秋・戦国	前6世紀ごろ	シャカ(釈迦)が生まれる
弥生時代		前334	アレクサンドロス大王の東方遠征が始まる
	秦	前221	秦の始皇帝が中国を統一する
		前202	漢が中国を統一する
	漢	前27	ローマ帝国が成立する
		前4ごろ	イエスが生まれる

▲ラスコーの洞窟壁画

① 人類の出現 ★

❶ 旧石器時代…狩りや採集の生活，**打製石器**の使用。

● **猿人**…アフリカに現れる。直立二足歩行，道具を使用する。

● **原人**…火やことばを使用する。

● **新人**…現在の人類の直接の祖先となる。

❷ 新石器時代…地球が温暖化→農耕や**牧畜**が始まる。

● 弓矢による狩猟，**土器**の発明，**磨製石器**の使用。

② 古代文明 ★★★

メソポタミア 文明

インダス 文明

ローマ文明

ギリシャ文明

エジプト 文明

中国 文明

ティグリス川
ユーフラテス川
ナイル川
モヘンジョ＝ダロ
ハラッパー
インダス川
ガンジス川
黄河
長江

得点 UP! ● 古代文明の発生場所と特色の違いを理解しよう。
● 中国の王朝の移り変わりを整理しよう。

丸暗記

文明の名称	河川	文字	文化財など
メソポタミア文明 （前3000年ごろ）	ティグリス川・ユーフラテス川	くさび形文字	ハンムラビ法典，太陰暦，天文学，60進法
エジプト文明 （前3000年ごろ）	ナイル川	象形文字	ピラミッド，パピルス，太陽暦，ミイラ
インダス文明 （前2500年ごろ）	インダス川	（絵文字）	都市遺跡（モヘンジョ-ダロ，ハラッパー）
中国文明 （前1600年ごろ）	黄河・長江 ホワンホー チャンチアン	甲骨文字	青銅器，占いによる政治や祭り

▲古代文明の特徴

Check!

• 太陽暦→エジプト文明。1年を365日，12か月とする。
• 太陰暦→メソポタミア文明。月の満ち欠けを基準とする。

③ 中国文明の発展 ★★

❶ 殷…黄河流域の国。優れた青銅器文明。

❷ 春秋・戦国時代…長く戦乱が続き，鉄製の兵器や農具が使用される。孔子が現れ，儒学（儒教）を説く。

❸ 秦…紀元前221年，始皇帝が中国を統一。北方の遊牧民族の侵入を防ぐため，万里の長城を築く。

❹ 漢…大帝国をつくりあげ，周辺諸国を家臣として支配下に置く。シルクロード（絹の道）と呼ばれる東西を結ぶ交易路を整備し，西方と交易を行う。歴史書が書かれ，紙が発明される。

テストで注意

Q 甲骨文字は何に使われたのか。
↓
A （例）占いの結果を記録するため。

2世紀の世界

楼蘭　高句麗　コグリョ
ビザンティウム
ローマ　敦煌　トンホワン　楽浪
ローマ帝国　パルティア　クシャーナ朝　漢　倭（日本）
長安　洛陽　ルオヤン

〜〜〜 万里の長城
—— シルクロード

西方からはインドでおこった仏教が中国に伝わったよ。

part 1 古代までの日本
part 2 中世の日本
part 3 近世の日本
part 4 近代日本の歩みと国際関係
part 5 2つの世界大戦と日本
part 6 TOKYO 現代の日本と世界

④ ギリシャ・ローマの文明 ★

❶ ギリシャ…**アテネ**や**スパルタ**などの**都市国家(ポリス)**が生まれる。アテネでは**民主政**が行われ，ギリシャ文明が発達する。

❷ ヘレニズム…紀元前4世紀に**アレクサンドロス大王**が東方に遠征。ギリシャ文化とオリエント(エジプト・メソポタミア)文化が結びつく。

❸ ローマ…貴族を中心とする**共和政**→紀元前1世紀，強い軍事力と指導力をもった皇帝による**帝政**へ。**ローマ帝国**による高度な文明が発達する。

コロッセオでは奴隷だった剣闘士が戦いをくり広げたよ。

▲ギリシャ文明(パルテノン神殿)　▲ローマ文明(コロッセオ)

⑤ 三大宗教 ★★

❶ 仏教…紀元前5世紀ごろ，インドで**シャカ(釈迦)**が始める。シルクロードを経由し，中国・朝鮮・日本に広まる。

❷ キリスト教…紀元前後にローマ帝国支配下のパレスチナで**イエス**が始める。当初，ローマ帝国に迫害されるが，4世紀に国教となる。ヨーロッパで広く信仰される。

❸ イスラム教…7世紀にアラビア半島の**メッカ**で**ムハンマド**が始める。西アジア・北アフリカ・東南アジアに広まる。

知っておきたい

キリスト教はユダヤ教を発展させた宗教で，イスラム教は，ユダヤ教・キリスト教をもとにしている。いずれも一神教である。

 最重要年代 暗記

 統一で **虹色**輝く 始皇帝
221

紀元前221年，初めて中国を統一した秦の王は自らを「始皇帝」と称する。

☑ チェックテスト

解答

part
1
🏛
古代までの日本

part
2
🗾
中世の日本

part
3
🏯
近世の日本

part
4
🚂
近代日本の歩みと国際関係

part
5
✝
二つの世界大戦と日本

part
6
🏅
TOKYO
現代の日本と世界

☐ ❶ 世界最古の人類の化石はどこで発見されたか。

☐ ❷ 人類の特徴は，火・ことば・道具の使用ともう１つは何か。

☐ ❸ 右の写真の文字を何というか。

☐ ❹ 右の写真の文字を使用していた文明を何というか。

☐ ❺ エジプト文明は何という川の流域で発生したか。

☐ ❻ エジプト文明で使われていた暦を何というか。

☐ ❼ 中国でつくられた漢字のもとになった文字は何か。

☐ ❽ 紀元前 16 世紀ごろ黄河流域におこった国はどこか。

☐ ❾ ❽でさかんにつくられた金属器の種類は何か。

☐ ❿ 春秋・戦国時代に孔子が説いた思想・学問は何か。

☐ ⓫ 紀元前 221 年に中国を初めて統一した王朝はどこか。

☐ ⓬ 中国で初めて皇帝と名乗ったのはだれか。

☐ ⓭ ⓫の時代からつくられ始めた右の写真の遺跡を何というか。

記述

☐ ⓮ ⓭がつくられた目的は何か。

☐ ⓯ ⓫にかわって中国を統一した国はどこか。

☐ ⓰ 紀元前 2 世紀ごろに整備されたローマと中国を結ぶ交通路を何というか。

☐ ⓱ ギリシャのアテネやスパルタのような都市国家をカタカナで何というか。

☐ ⓲ インドでシャカ(釈迦)が始めた宗教を何というか。

☐ ⓳ 紀元前後にパレスチナでおこった宗教は何か。

☐ ⓴ ⓳を当初は迫害したが，4 世紀末に国教とした国を何というか。

☐ ㉑ ムハンマドが 7 世紀に始めた宗教を何というか。

解答

❶ アフリカ

❷ 直立二足歩行

❸ くさび形文字

❹ メソポタミア文明

❺ ナイル川

❻ 太陽暦

❼ 甲骨文字

❽ 殷

❾ 青銅器

❿ 儒教(儒学)

⓫ 秦

⓬ 始皇帝

⓭ 万里の長城

⓮ (例)北方の遊牧民族の侵入を防ぐため。

⓯ 漢

⓰ シルクロード(絹の道)

⓱ ポリス

⓲ 仏 教

⓳ キリスト教

⓴ ローマ帝国

㉑ イスラム教

2. 日本の成り立ちと国家の形成

月　日

🔖 年表・図解チェック

年号も覚えねば！

時代	中国	年代	おもなできごと・文化
縄文時代	殷 周	1万年前	日本列島が形成される ●狩りと漁，採集の生活　**縄文文化** ●縄文土器・土偶
弥生時代	春秋・戦国	前4世紀ごろ	稲作が伝わる **弥生文化** ●弥生土器・銅鐸
	秦		
	漢	57	奴国の王が後漢に使いを送る
	三国	239	卑弥呼が魏に使いを送る
古墳時代	南北朝	4世紀ごろ	大和政権の統一が進む **古墳文化** ●大仙(仁徳陵)
		478	倭王武が南朝に使いを送る　古墳・埴輪
		538(552)	仏教が伝わる

① 縄文時代と弥生時代の比較 ★★

	縄文時代	弥生時代
時期	約1万年前〜前4世紀ごろ	前4世紀ごろ〜3世紀ごろ
生産	狩り・漁・採集	稲作
道具など	縄文土器・磨製石器 骨角器・土偶	弥生土器・磨製石器・石包丁 金属器(青銅器・鉄器)
住居など	たて穴住居・貝塚	たて穴住居・高床倉庫
社会	身分・貧富の差がない 争いが少ない	身分や貧富の差が発生 土地や水をめぐり争う
おもな遺跡	三内丸山遺跡(青森県) 東日本に多い	吉野ヶ里遺跡(佐賀県) 西日本に多い

弥生時代の始まりは紀元前10世紀ごろともいわれているよ。

Check!
● 縄文土器→厚手でもろく，黒褐色，縄目の文様が多い。
● 弥生土器→薄手でかたく，赤褐色，模様は少ない。

▲縄文土器

▲弥生土器

得点 UP!
● 縄文時代と弥生時代の違いを対比させよう。
● 中国の歴史書に登場する日本のようすを整理しよう。

知って
おきたい
青銅器は銅鐸・銅鏡など，おもに祭りに用いられ，鉄器は武具や農具など実用品に用いられた。

② 中国の歴史書に見る日本 ★★★

丸暗記

❶ 『漢書』地理志…紀元前1世紀には100余りの国があり，漢に使いを送る国もある。
❷ 『後漢書』東夷伝…1世紀に倭の奴国の王が後漢に使いを送り，皇帝から金印を授けられる→江戸時代に志賀島（福岡県）で「漢委奴国王」と刻まれた金印が発見されている。
❸ 『魏志』倭人伝…3世紀に30余りの小国を従えた邪馬台国の女王卑弥呼が魏に使いを送り，「親魏倭王」の称号と金印，銅鏡100枚を授けられる。

▲志賀島出土の金印

▲銅鏡

金印は2cm程度の小さいものだよ。

知って
おきたい
中国の皇帝は貢ぎ物を送ってきた国に，国王の地位を認める金印を授けていた。

③ 大和政権の誕生 ★★★

❶ 古墳…王や豪族の墓。盛り土の表面に石をしきつめ，周囲に埴輪を置く。巨大な古墳は前方後円墳が多い。3世紀後半～6世紀末を古墳時代という。

▲大仙（仁徳陵）古墳

テストで注意

Q 権力者はなぜ巨大な墓をつくったのか。
↓
A （例）自らの権力を誇示するため。

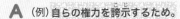

part 1 古代までの日本
part 2 中世の日本
part 3 近世の日本
part 4 近代日本のあゆみと国際関係
part 5 二つの世界大戦と日本
part 6 現代の日本と世界

❷ 大和政権…近畿地方の王(**大王**)と有力豪族による連合政権。5世紀には九州から東北地方南部の豪族を従える。「**獲加多支鹵大王**」の文字が刻まれた鉄剣や鉄刀が埼玉県稲荷山古墳や熊本県**江田船山古墳**から出土している。また、『宋書』倭国伝には、武など5人の王(**倭の五王**)が中国に使いを送ったことが記されている。

❸ 渡来人…戦乱を避け、大陸から日本に移り住んだ人々。大陸の進んだ技術や知識を伝える。

5世紀の朝鮮半島
高句麗（コグリョ）
百済（ペクチェ）
新羅（シルラ）
伽耶（任那）（カヤ）（イムナ）

丸暗記

渡来人が伝えたもの　→　● 土木技術、須恵器や鉄製農具づくり　● 養蚕と機織りの技術　● 漢字・儒学(儒教)

くらべる

土偶	埴輪
縄文時代の土製人形で、豊かな収穫や子孫の繁栄を祈ったと考えられる。	古墳の周りに並べられた土製品で、円筒埴輪や形象埴輪がある。

旧石器時代～古墳時代のおもな遺跡や古墳
- 江田船山古墳（古墳）
- 野尻湖遺跡（旧石器）
- 吉野ヶ里遺跡（弥生）
- 登呂遺跡（弥生）
- 三内丸山遺跡（縄文）
- 大仙(仁徳陵)古墳（古墳）
- 岩宿遺跡（旧石器）
- 稲荷山古墳（古墳）
※（ ）は遺跡や古墳ができた時代。

岩宿遺跡は1946年に相沢忠洋によって発見されたよ。

最重要年代
暗記

卑弥呼から 使いと **文来**る 魏の国に
　　　　　　　　　　２３９

239年、邪馬台国の女王卑弥呼は魏に使いを送り、「親魏倭王」の称号、金印、銅鏡100枚を授けられる。

☑ チェックテスト

part
1
古代までの日本

part
2
中世の日本

part
3
近世の日本

part
4
近代国家の歩みと国際関係

part
5
二度の世界大戦と日本

part
6
現代の日本と世界

解答

□❶ 縄文時代の遺跡で、集落近くに人々が捨てた食べ物の残りかすなどが堆積した場所を何というか。

❶ 貝塚

□❷ 縄文時代以降、人々が住居とした建物を何というか。

❷ たて穴住居

□❸ 弥生時代につくられた、稲などを蓄えるための建物を何というか。

❸ 高床倉庫

□❹ 弥生時代につくられた、右の金属器を何というか。

❹ 銅鐸

□❺ 弥生時代に稲刈りに使われた磨製石器を何というか。

❺ 石包丁

□❻ 弥生時代に激しい戦闘があったことを伝える、佐賀県の集落遺跡を何というか。

❻ 吉野ヶ里遺跡

□❼ 「漢委奴国王」と刻まれた金印は、江戸時代にどこで発見されたか。

❼ (福岡県)志賀島

□❽ 金印はどのような意味をもつか、簡潔に答えよ。

❽ (例)中国の皇帝が認めた王であることを証明する。

□❾ 占いで政治を行った、邪馬台国の女王はだれか。

❾ 卑弥呼

□❿ 邪馬台国に関する記述が見られる中国の歴史書を何というか。

❿ 「魏志」倭人伝

□⓫ 右の写真の日本最大の古墳を何というか。

⓫ 大仙(仁徳陵)古墳

□⓬ 右の写真のような古墳の形を何というか。

⓬ 前方後円墳

□⓭ 古墳の周りに並べられた土製品を何というか。

⓭ 埴輪

□⓮ 近畿地方で誕生し、九州から東北地方南部に勢力を拡大した、王と豪族による連合政権を何というか。

⓮ 大和政権

□⓯ 5世紀には⓮の支配者は何と呼ばれたか。

⓯ 大王

□⓰ 「獲加多支鹵大王」の文字が刻まれた鉄剣が出土した埼玉県の古墳を何というか。

⓰ 稲荷山古墳

□⓱ 大陸から一族で移住し、大陸の進んだ技術や知識をもたらした人々を何というか。

⓱ 渡来人

3. 聖徳太子の政治と大化の改新

📎 年表・図解チェック

時代	中国	年代	おもなできごと・文化
古墳時代		589	隋が中国を統一する
	隋	593	**聖徳太子**が推古天皇の**摂政**になる
		603	**冠位十二階**が制定される
		604	**十七条の憲法**が制定される
飛鳥時代		607	小野妹子が隋に派遣される
		618	唐が中国を統一する
	唐	630	第1回遣唐使が派遣される
		645	**大化の改新**が始まる
		663	白村江の戦いで敗北する
		672	壬申の乱がおこる

飛鳥文化
● 法隆寺
● 釈迦三尊像
● 玉虫厨子

① 仏教の伝来 ★

6世紀中ごろに百済から正式に**仏教**が伝えられると，**蘇我氏**は聖徳太子とともに仏教の導入を進め，仏教を排除しようとする**物部氏**を滅ぼす。

② 聖徳太子（厩戸皇子）の政治改革 ★★★

丸暗記

❶ 女帝推古天皇の**摂政**として，蘇我馬子の協力で改革を実施。

❷ 家柄にとらわれず，才能のある人物を役人に取り立て，冠の色などで地位を区別する**冠位十二階**を定める。

❸ 仏教などの考えを取り入れた**十七条の憲法**を役人の心構えとして示す。

十七条の憲法
一に曰く，和をもって貴しとなし，さからうことなきを宗とせよ。

二に曰く，あつく三宝を敬え。三宝とは，仏・法・僧なり。

三に曰く，詔をうけたまわりては必ずつつしめ。　　（一部要約）

知っておきたい　聖徳太子は，中国や朝鮮に学んで，**大王（天皇）**中心の政治制度を整えようとした。

● 聖徳太子が行った政治改革の内容を整理しよう。
● 大化の改新が目ざした律令体制の内容を理解しよう。

③ 聖徳太子の外交政策 ★★★

❶ 隋…6世紀末に中国を統一。律令による中央集権体制を整備し、強大な帝国となる。2代皇帝煬帝は大運河建設や高句麗遠征を行い、反発を招く。

❷ 遣隋使…国内の政治体制整備の後、聖徳太子は隋の進んだ政治制度や文化を取り入れるために、607年に小野妹子を遣隋使として遣わし、対等の立場で国交を開くことを求める。また、遣隋使には留学生や留学僧を同行させる。

> **聖徳太子が皇帝に送った手紙**
> 日出る処の天子、書を日の没する
> 処の天子に致す。つつがなきや…
> （『隋書』倭国伝。一部抜粋）

④ 飛鳥文化 ★★

飛鳥地方(奈良盆地南部)を中心に栄えた日本初の仏教文化。法隆寺の釈迦三尊像などの仏像が代表的。インドや中国、朝鮮半島の影響が見られる。

法隆寺は聖徳太子が建立した寺院だよ。

△法隆寺

✎ Check!
法隆寺金堂や五重塔は現存する世界最古の木造建築である。

⑤ 律令国家への歩み ★★

❶ 唐…隋の滅亡後に建国し、大帝国をつくりあげる。都は長安(現在の西安)。律令を整備し、戸籍をつくって人々に土地を分配し、税や労役を課す。

> **テストで注意**
> Q 大化の改新を断行したのはだれか。
> ↓
> A 中大兄皇子

❷ 政治改革…645年、中大兄皇子は中臣鎌足らとともに、権力を独占する蘇我蝦夷・入鹿父子を滅ぼし、政治改革に取り組む(大化の改新)。隋の滅亡と唐の建国を見聞した留学生や留学僧の協力を得て、全国の土地と人民を国家のものとする公地公民の方針を示す。

part 1 古代までの日本
part 2 中世の日本
part 3 近世の日本
part 4 近代日本のあゆみと国際関係
part 5 二つの世界大戦と日本
part 6 現代の日本と世界

③ 白村江の戦い…663年，滅亡した百済の再興を支援するために日本は朝鮮半島へ大軍を派遣するが，敗北。
→唐・新羅連合軍の攻撃に備え，九州に大宰府を設置して大野城と水城を築き，西日本各地に山城を築く。

7世紀の朝鮮半島

④ 天智天皇…中大兄皇子は大津宮(滋賀県)に遷都し，即位して天智天皇となる。初めて全国の戸籍をつくる。

⑤ 天武天皇…天智天皇の死後，あとつぎをめぐって，弟の大海人皇子と子の大友皇子が争い(壬申の乱)，勝利した大海人皇子が天武天皇となる。天武天皇は唐を手本として，律令の制定や歴史書の編纂などを命じる。

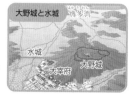

大野城と水城

⑥ 藤原京…日本初の本格的な都。天武天皇の死後，皇后が持統天皇として即位し，遷都する。唐の都の長安を手本とし，碁盤目状に区画された街路(条坊制)が整備される。

Check!
- 天智天皇→兄・中大兄皇子。大化の改新に取り組む。
- 天武天皇→弟・大海人皇子。壬申の乱に勝利し，強力な支配のしくみづくりに取り組む。

知っておきたい 中臣鎌足は，その功績から死の直前に「藤原」姓を賜った，藤原氏の始祖である。

最重要年代暗記

入鹿らは **虫殺** すように 滅亡し
　　　　 645

645年，中大兄皇子や中臣鎌足らは，朝廷で権力をふるう蘇我氏を滅ぼし，政治改革に乗り出す。

☑ チェックテスト

□❶ （　　　）氏は仏教の導入を進め、朝廷で権力を握った。

□❷ 聖徳太子はどのような役職で政治改革を行ったか。

□❸ 聖徳太子が制定した、能力のある者を役人に取り立てる制度を何というか。

□❹ 右のことばは、聖徳太子が定めた（　　　）で示されているものである。

> 一に曰く、和をもって貴しとなし、さからうことなきを宗とせよ。

□❺ 聖徳太子が中国の進んだ制度や文化を取り入れるために中国に遣わした使節を何というか。

□❻ 聖徳太子からの国書を中国の皇帝に渡した人物はだれか。

□❼ 聖徳太子が建てた、右の絵の寺院を何というか。

□❽ ❼の寺院に代表される文化を何というか。

□❾ 大化の改新を始めた中心人物を2名答えよ。

□❿ 大化の改新で示された、土地と人民を国家が直接支配する方針を何というか。

□⓫ 滅亡した百済を再興するために、日本が軍を派遣した戦いを何というか。

□⓬ 7世紀後半、西日本各地に山城が築かれたのはなぜか。

□⓭ ⓫⓬に関連して九州に置かれた防衛の拠点はどこか。

□⓮ 中大兄皇子は即位して（　　　）天皇になった。

□⓯ 672年に天皇のあとつぎをめぐっておきた戦乱を何というか。

□⓰ ⓯の戦乱に勝利し、天皇として即位したのはだれか。

□⓱ 飛鳥時代にできた日本初の本格的な都を何というか。

□⓲ ⓱は、中国の何という都を手本に造営されたか。

解答

❶ 蘇我

❷ 摂政

❸ 冠位十二階

❹ 十七条の憲法

❺ 遣隋使

❻ 小野妹子

❼ 法隆寺

❽ 飛鳥文化

❾ 中大兄皇子・中臣鎌足

❿ 公地公民

⓫ 白村江の戦い

⓬ （例）唐や新羅の攻撃に備えるため。

⓭ 大宰府

⓮ 天智

⓯ 壬申の乱

⓰ 天武天皇（大海人皇子）

⓱ 藤原京

⓲ 長安

記述 ⓬

part 1 古代までの日本
part 2 中世の日本
part 3 近世の日本
part 4 近代日本の歩みと国際関係
part 5 二度の世界大戦と日本
part 6 現代の日本と世界

4. 律令国家の動き

📎 年表・図解チェック

年号も覚えねば！

時代	中国	年代	おもなできごと・文化
古墳時代		701	大宝律令が制定される
飛鳥時代		708	和同開珎が発行される
	唐	710	平城京に遷都される
		723	三世一身の法が制定される
奈良時代		741	国分寺・国分尼寺建立の詔が出される
		743	墾田永年私財法が制定される
			大仏造立の詔が出される

天平文化
● 東大寺大仏
● 正倉院

① 律令国家への歩み ★★

律令によるしくみ

天皇

太政官 ─ 太政大臣／左大臣／右大臣／大納言ほか
神祇官（祭りの儀式）
二官
八省

地方：宮内省（宮中の一般事務など）／大蔵省（出納など）／刑部省（刑罰など）／兵部省（武官の人事など）／民部省（戸籍・租税など）／治部省（仏事・外交など）／式部省（文官の人事・学校など）／中務省（天皇の側近事務など）

九州：大宰府
国：国司
郡：郡司
里：里長

❶ 律令制定…701年に**大宝律令**を制定する。律は刑罰，令は政治のきまり。
　●中央…朝廷に二官八省
　●地方…国・郡・里

❷ 貨幣の発行…**和同開珎**以降，12種類の貨幣を発行→畿内以外では流通せず。

❸ 交通制度…**五畿七道**や駅（宿）の整備。

✏ Check!
• 富本銭→天武天皇のころにつくられた最古の貨幣と推定される。
• 和同開珎→本格的な流通を目的につくられる。

❹ 新都の造営…710年，藤原京から**平城京**に遷都。唐の都**長安**（現在の**西安**）を手本にして造営される。794年に平安京に遷都するまでの80年余りを**奈良時代**という。

❺ 平城京…中央には朱雀大路が通り，外京には東大寺が建立される。東市と西市で各地の産物が売買される。

平城京

② 奈良時代の農民のくらし ★★★

❶ 土地制度…6年ごとに**戸籍**をつくり，6歳以上の男女に**口分田**を与えて，死ねば返させる**班田収授法**を実施する。

❷ 農民の負担…**租・調・庸**の税と労役や兵役などが課される。

丸暗記

租	収穫量の約3%の稲を国に納める。
調	成人男子のみ，**特産物**を都に納める。
庸	成人男子のみ，労役のかわりに**布**を都に納める。
雑徭	成人男子のみ，**国司**の下で年間60日以内の労役。
兵役	成人男子3〜4人に1人が訓練を受ける。 一部は1年間の都の警備（衛士） 一部は3年間の北九州防備（**防人**）
出挙	種もみを利息50%で貸し付けられる。

※調や庸を都に運ぶのは運脚。

木簡

調（特産物）には荷札として木簡がつけられたよ。

防人の歌

から衣　すそに取りつき　泣く子らを
置きてそ来ぬや　母なしにして　（『万葉集』）

❸ 班田収授の破綻

- 成人男子に重い税負担→戸籍の性別を偽る者や逃亡する者が相次ぐ。
- 人口増加や自然災害による口分田の不足。

テストで注意

Q 戸籍を偽る者が増えたのはなぜか。

A （例）男子の税や労役負担が重かったから。

❹ 開墾の奨励

- **三世一身の法**（723年）…新たに用水路を開いて開墾した場合は3世代の私有を認める→効果はあがらず。
- **墾田永年私財法**（743年）…開墾した田の永久私有を認める（租の負担は必要）→貴族や寺社による私有地が増える→**荘園**に発展。

知っておきたい 墾田の私有を認めたことで，**律令**政治の基盤となる公地公民の原則が**崩壊**する。

③ 天平文化 ★★★

❶ 国際色豊かな文化…東大寺の**正倉院**に**遣唐使**によってもたらされた宝物が伝わる。正倉院は木材を組み上げた**校倉造**でつくられている。

△正倉院

△五絃琵琶

△白瑠璃碗

大仏造立の詔

…天下の富をもつ者は私であり，天下の勢いをもつ者も私である。この富と勢いをもって仏像をつくることは困難ではないであろうが，それは発願の趣旨にそぐわない。…

（『続日本紀』。一部要約）

丸暗記

❷ 仏教…**聖武天皇**は，伝染病やたび重なるききんなどの災いから仏教の力で国を守ろうとする（**鎮護国家**思想）。

● **国分寺**・**国分尼寺**建立の**詔**（741 年）を出す。

● **大仏造立の詔**（743 年）…総国分寺として東大寺に大仏→**行基**の協力。

● **鑑真**…日本の要請に応じて，苦難を乗り越えて来日（753 年）。正しい仏教の教えを伝え，平城京内に**唐招提寺**を建立する。

❸ 書物 ●『**古事記**』『**日本書紀**』…歴史書で天皇の正統性を明らかにする。

● 『**風土記**』…国ごとに自然，産物，伝承などをまとめさせる。

● 『**万葉集**』…天皇・貴族から防人や農民の歌までを集めた和歌集。漢字の音を使って日本語を書き表す**万葉仮名**が用いられる。

知っておきたい　聖武天皇の治世の元号である「天平」から，奈良時代の文化を 天平文化 という。

最重要年代暗記

開墾の 制限 **なしさ** 私財法
　　　　　　 7 4 3

あそこもそこもここも私のものなのです

743 年，新しく開墾した土地の永久私有を認める墾田永年私財法が出される。

✅ チェックテスト

解答

□❶ 唐にならって701年に制定された，刑罰のきまりと政治のしくみを定めた本格的な法律を何というか。

❶ 大宝律令

□❷ 708年に発行された流通貨幣を何というか。

❷ 和同開珎

□❸ 奈良盆地北部に造営され，710年に藤原京から遷都し開かれた都を何というか。

❸ 平城京

□❹ 6歳以上の男女に口分田を与え，死ねば返させるしくみを何というか。

❹ 班田収授法

記述 □❺ 口分田の面積に応じて課せられた租は（　　　）を国に納める税である。（　　　）にあてはまる内容を10字以内で答えよ。

❺ 収穫量の約3%の稲

□❻ 成人男子に課される，都に地方の特産物を納める税を何というか。

❻ 調

□❼ 3年間，北九州の防備にあたる兵役を何というか。

❼ 防人

□❽ 口分田が不足したため，743年に出された，開墾した土地の永久私有を認める法令を何というか。

❽ 墾田永年私財法

□❾ 開墾地の私有を認めたことで生まれた，貴族や寺社が領有する私有地を何というか。

❾ 荘園

□❿ 右の写真は，聖武天皇が都に造立を命じた，（　①　）にある金銅の（　②　）である。

❿ ①東大寺 ②大仏

□⓫ 遣唐使がもたらした宝物が伝わる建物を何というか。

⓫ 正倉院

記述 □⓬ 聖武天皇が東大寺に大仏をつくらせたのはなぜか。

⓬ （例）仏教の力で国を守ろうとしたから。

□⓭ 東大寺の大仏造立に協力した僧はだれか。

⓭ 行基

□⓮ 正しい仏教の教えを伝えるために唐から来日した僧はだれか。

⓮ 鑑真

□⓯ 聖武天皇のころに栄えた文化を何というか。

⓯ 天平文化

□⓰ 奈良時代につくられた歴史書を2冊答えよ。

⓰ 『古事記』・『日本書紀』

□⓱ 天皇や貴族の歌だけではなく，❼や農民の歌まで収められている和歌集を何というか。

⓱ 『万葉集』

右側タブ:
part 1 古代までの日本
part 2 中世の日本
part 3 近世の日本
part 4 近代日本の歩みと国際関係
part 5 二つの世界大戦と日本
part 6 現代の日本と世界

5. 貴族の政治と国風文化

年表・図解チェック

年号も覚えねば！

時代	中国	年代	おもなできごと・文化
平安時代	唐	794	桓武天皇が平安京に遷都する
		802	坂上田村麻呂が胆沢城を築く
		866	藤原良房が摂政になる（正式任命）
		887	藤原基経が関白になる（正式任命）
		894	菅原道真が遣唐使の停止を進言する
		907	唐が滅亡する
	五代	936	高麗が朝鮮半島を統一する
	宋	960	宋がおこる
		1016	藤原道長が摂政になる

新しい仏教
- 天台宗
- 真言宗

国風文化
- 寝殿造
- 仮名文字
- 浄土信仰

① 桓武天皇の政治 ★

❶ 遷都…仏教勢力の強い平城京→長岡京→平安京に都を移す。

❷ 地方政治の立て直し…国司への監督強化，九州・東北以外の兵役の中止。

❸ 東北支配…坂上田村麻呂を征夷大将軍に任じ，東北地方の蝦夷を制圧する。

② 新しい仏教 ★★

9世紀の初め，最澄と空海は遣唐使とともに唐に渡り，帰国後は，山奥での修行や学問を重視する新しい仏教（密教）を日本に伝える。病気や災いを取り除く加持祈祷を行い，貴族らの信仰を集める。

▲最澄

▲空海

● 最澄―天台宗―比叡山延暦寺　　● 空海―真言宗―高野山金剛峯寺

③ 東アジアの変化 ★

❶ 中国…10世紀初め，唐が滅ぶ→宋が中国を統一（979年）。

❷ 朝鮮…10世紀初め，高麗がおこる→新羅を滅ぼし朝鮮半島統一（936年）。

知っておきたい　894年，菅原道真は唐の衰えと航海の危険を理由に，遣唐使の停止を進言した。

得点 UP!
● 藤原氏の栄華の理由を理解しよう。
● 国風文化の特色を整理しよう。

④ 摂関政治 ★★★

❶ 皇室と藤原氏…**藤原氏**は**中臣鎌足**を始祖とする。鎌足の子・**藤原不比等**は大宝律令の編纂にかかわり，その娘の光明子は聖武天皇の皇后となる。その後も，皇室と藤原氏は婚姻関係による結びつきを強めていく。

❷ 他氏の排除…藤原氏は**菅原道真**を無実の罪で**大宰府**に追いやるなど，ほかの貴族を排除し朝廷の官職を独占する。

❸ 財政基盤…藤原氏ら中央政府の貴族が国司を任命する権限をもっていたため，国司から多くの贈り物や**荘園**の寄進を受ける。

❹ 摂関政治…藤原氏は娘を天皇に嫁がせ，その子を天皇の位に就けることで，**外戚**の祖父として天皇を補佐する**摂政・関白**の役職に就き，政治の実権を握る。

丸暗記
摂関政治は11世紀前半の**藤原道長**とその子**頼通**のころに最も栄える。道長は4人の娘を天皇のきさきにして権力をふるう。

皇室と藤原氏の系図

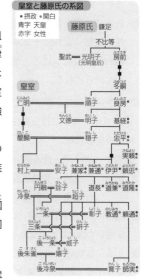

● 摂政・関白
青字 天皇
赤字 女性

テストで注意

Q 1016年に摂政となり，藤原氏の全盛時代を築いたのはだれか。
↓
A 藤原道長

Check!

● 摂政→幼い天皇の補佐役。藤原**良房**が皇族以外で初めて摂政となる。
● 関白→成人した天皇の補佐役。律令にはない新しい官職で，藤原**基経**が初めて関白となる。

藤原道長が詠んだ歌
この世をば わが世とぞ思う 望月の
欠けたることも なしと思えば （『小右記』）

道長の娘が皇后になったときに詠んだ歌だよ。

part 1 古代までの日本
part 2 中世の日本
part 3 近世の日本
part 4 近代日本の歩みと国際関係
part 5 二つの世界大戦と日本
part 6 現代の日本と世界

⑤ 国風文化 ★★

❶ 特色…唐風の文化を基礎に，日本の風土や日本人の感情に合った貴族の文化が生まれる。

❷ 貴族の生活…寝殿造の屋敷に住み，男性は束帯，女性は十二単という日本風の衣装を身につける。儀式や行事がさかんに行われる。

▲寝殿造

❸ 文学…漢字を変形させた仮名文字が生まれ，感情を書き表しやすくなる。紫式部や清少納言ら女性による文学作品が多く生み出される。

仮名文字	
平仮名	片仮名
安→あ→あ	阿→ア
以→い→い	伊→イ
宇→う→う	宇→ウ
衣→え→え	江→エ
於→お→お	於→オ

丸暗記
- 小説…紫式部『源氏物語』
- 随筆…清少納言『枕草子』
- 歌集…紀貫之らが編纂『古今和歌集』

❹ 絵画…「源氏物語絵巻」など，日本の自然や風景を描いた大和絵が生まれる。

❺ 仏教…仏教の力が衰える末法の世が来るという考えが広まり，阿弥陀仏にすがって極楽浄土に生まれ変わろうと願う浄土信仰がおこる→貴族たちは各地に阿弥陀堂をつくる。

- 藤原頼通―平等院鳳凰堂(京都府宇治市)
- 奥州藤原氏―中尊寺金色堂(岩手県平泉町)

10円玉のデザインは平等院鳳凰堂だよ。

万葉仮名
奈良時代の『万葉集』で用いられた，日本語の音を漢字で表した文字。

くらべる

仮名文字
平安時代に生まれた，漢字を書き崩した平仮名と漢字の一部を抜き出した片仮名。

最重要年代暗記

道真が　白紙に戻す　遣唐使
　　　　　８９４

894年，菅原道真は唐の衰退や航海の危険などを理由に遣唐使の停止を朝廷に進言し，認められる。

白紙に戻す!!
ゴシゴシ

☑ チェックテスト

□❶ 平城京から長岡京，平安京に都を移した天皇はだれか。

❶ 桓武天皇

□❷ 蝦夷の征討におもむく坂上田村麻呂が任じられたのは何という役職か。

❷ 征夷大将軍

□❸ 936年に朝鮮半島を統一した王朝を何というか。

❸ 高麗

□❹ 僧（ ① ）は比叡山に（ ② ）を建てて（ ③ ）宗の教えを広めた。

❹ ①最澄
②延暦寺
③天台

□❺ 僧（ ① ）は高野山に（ ② ）を建てて（ ③ ）宗の教えを広めた。

❺ ①空海
②金剛峯寺
③真言

□❻ 遣唐使の派遣の停止を進言した貴族はだれか。

❻ 菅原道真

□❼ 藤原氏が娘を天皇のきさきにし，その子を天皇に立てることで実権を握った政治を何というか。

❼ 摂関政治

□❽ 関白とはどのような役割の官職か。

❽ （例）成人した天皇の補佐を行う。

□❾ 右の歌を詠んだ人物はだれか。

この世をば
わが世とぞ思う
望月の
欠けたることも
なしと思えば

❾ 藤原道長

□❿ 平安時代に栄えた，日本の風土や日本人の感情に合った文化を何というか。

❿ 国風文化

□⓫ 平安時代の貴族の住居を何というか。

⓫ 寝殿造

□⓬ 『土佐日記』の作者で，『古今和歌集』の編纂にもかかわったのはだれか。

⓬ 紀貫之

□⓭ 『源氏物語』を著した女性はだれか。

⓭ 紫式部

□⓮ 清少納言が著した随筆の書名を答えよ。

⓮ 『枕草子』

□⓯ 漢字を変形させて生まれた文字を何というか。

⓯ 仮名文字

□⓰ 念仏を唱えて阿弥陀仏にすがり，極楽浄土に生まれ変わろうという信仰を何というか。

⓰ 浄土信仰

□⓱ 右の写真の阿弥陀堂の名を答えよ。

⓱ 平等院鳳凰堂

□⓲ ⓱の阿弥陀堂を建てた貴族はだれか。

⓲ 藤原頼通

📝 まとめテスト

解答

□❶ 右の地図中**A**の古代文明で使われていた暦を何というか。

❶ 太陽暦

□❷ 地図中**B**の古代文明を何というか。

❷ メソポタミア文明

□❸ 地図中**C**を流れる河川を何というか。

❸ インダス川

□❹ 地図中**D**の古代文明でつくられた文字を何というか。

❹ 甲骨文字

□❺ 紀元前2世紀ごろに整備されたローマと中国を結ぶ交通路を何というか。

❺ シルクロード（絹の道）

□❻ 縄文時代の遺跡を次から1つ選べ。
　ア 三内丸山遺跡　　イ 吉野ヶ里遺跡
　ウ 岩宿遺跡　　　　エ 登呂遺跡

❻ ア

□❼ 奴国の王が金印を与えられたことが記されている中国の歴史書を次から1つ選べ。
　ア 『魏志』倭人伝　　イ 『漢書』地理志
　ウ 『後漢書』東夷伝　エ 『宋書』倭国伝

❼ ウ

□❽ 女王卑弥呼が占いによって治めた国を何というか。

❽ 邪馬台国

□❾ 古墳に並べられた右の写真のような土製品を何というか。

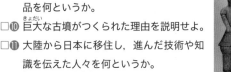

❾ 埴輪

記述 □❿ 巨大な古墳がつくられた理由を説明せよ。

❿ （例）権力者が自らの力を誇示するため。

□⓫ 大陸から日本に移住し，進んだ技術や知識を伝えた人々を何というか。

⓫ 渡来人

□⓬ 推古天皇の摂政として政治改革に取り組んだのはだれか。

⓬ 聖徳太子（厩戸皇子）

記述 □⓭ 冠位十二階とはどのような制度か，簡潔に説明せよ。

⓭ （例）家柄にとらわれず，有能な人材を役人に取り立てる制度。

□⓮ 中大兄皇子と中臣鎌足が中心となって行った政治改革を何というか。

⓮ 大化の改新

□⓯ 白村江の戦いで日本が戦った国を次から2つ選べ。
　ア 高句麗（コグリョ）　イ 唐　ウ 百済（ペクチェ）
　エ 新羅（シルラ）　　　オ 隋

⓯ イ・エ

part
1
古代までの日本

part
2
中世の日本

part
3
近世の日本

part
4
近代日本のあゆみと国際関係

part
5
二つの世界大戦と日本

part
6
TOKYO
現代の日本と世界

□⑯ 壬申の乱で勝利して即位した天皇はだれか。　　　　⑯ 天武天皇

□⑰ 班田収授法で人々に分配された田を何というか。　　⑰ 口分田

□⑱ 班田収授を行うにあたって示された，土地と人民を　⑱ 公地公民
　　国家が直接支配する方針を何というか。

□⑲ 調を都に運ぶ際に荷札として用いた右の写真　　　　⑲ 木簡
　　のような薄い板を何というか。

記述 ⑳ 班田収授法を実施するうちに，戸籍を偽る男　　　　⑳ (例)男子の方
　　子が増えていった。そのおもな理由を簡潔に　　　　　　が税や労役の
　　説明せよ。　　　　　　　　　　　　　　　　　　　　　　負担が重かっ
　　　　　　　　　　　　　　　　　　　　　　　　　　　　　たから。

□㉑ 743 年に出された，新しく開墾した土地の永　　　　　㉑ 墾田永年私財法
　　久私有を認めた法令を何というか。

□㉒ 国際色豊かな奈良時代の文化を何というか。　　　　　㉒ 天平文化

□㉓ 桓武天皇が平城京から遷都した都を，遷都した順に　㉓ 長岡京→
　　2 つ答えよ。　　　　　　　　　　　　　　　　　　　　平安京

□㉔ 桓武天皇が坂上田村麻呂に制圧を命じた，朝廷に従　㉔ 蝦夷
　　わない東北地方の人々を何というか。

□㉕ 唐から帰国後，比叡山延暦寺を開き，天台宗の教え　㉕ 最澄
　　を伝えた僧はだれか。

□㉖ 平安時代に政治の実権を握った藤原氏の始祖の名を　㉖ 中臣(藤原)鎌
　　答えよ。　　　　　　　　　　　　　　　　　　　　　　足

□㉗ 天皇が幼いときに政治の補佐を行う官職を何というか。㉗ 摂政

□㉘ 摂関政治が全盛の時期に栄えた文化を何というか。　㉘ 国風文化

□㉙ 右の絵のような，平　　　　　　　　　　　　　　　　㉙ 大和絵
　　安時代に発達した日
　　本独自の絵画様式を
　　何というか。

□㉚ 右の絵に見られる貴　　　　　　　　　　　　　　　　㉚ 十二単
　　族の女性の日本風の衣装を何というか。

□㉛ 右上の絵は「源氏物語絵巻」の一場面を表している。㉛ 紫式部
　　この絵巻物に描かれた『源氏物語』を著した女性の名
　　を答えよ。

part2
中世の日本

6. 武士の台頭と鎌倉幕府

月　　日

📎 年表・図解チェック

年号も
覚えねば！

時代	中国	年代	おもなできごと
平安時代	五代	935	平将門の乱がおこる（〜40）
		939	藤原純友の乱がおこる（〜41）
	宋（北宋）	1051	前九年合戦がおこる（〜62）
		1083	後三年合戦がおこる（〜87）
		1086	白河上皇が院政を始める
		1156	保元の乱がおこる
		1159	平治の乱がおこる
		1167	平清盛が太政大臣になる
	宋（南宋） 金	1185	壇ノ浦の戦いで平氏が滅亡する
鎌倉時代			源頼朝が守護・地頭を置く
		1192	源頼朝が征夷大将軍になる
		1221	承久の乱がおこる
		1232	御成敗式目（貞永式目）が制定される

武士団のしくみ

棟梁

惣領（本家）

一族

家の子

郎党

下人

小武士団　小武士団

大武士団

1 武士の登場と成長 ★

❶ 武士の登場…10世紀ごろ，都の武官や
地方の豪族が武芸を身につけ，朝廷の
警備や犯罪の取り締まりを担当，軍事
を専門とする**武士**として育つ。

❷ 武士の成長…惣領を中心に一族や奉公
人がまとまって**武士団**を組織，天皇や
貴族の子孫を棟梁とした大武士団となる。

武士の反乱

後三年合戦
1083〜87年

前九年合戦
1051〜62年

保元の乱 1156年
平治の乱 1159年

藤原純友の乱
939〜41年

平将門の乱
935〜40年

❸ 地方武士の反乱…10世紀には関東地方で**平将門の乱**，瀬戸内海沿岸で**藤
原純友の乱**，11世紀には東北地方で前九年合戦・後三年合戦がおこる。

知って
おきたい

後三年合戦後，奥州藤原氏は東北地方を統一し，
平泉を拠点に馬と砂金の交易で栄える。

得点 UP! ● 武士が政治の実権を握るまでの過程を整理しよう。
● 承久の乱後, 北条氏の執権政治が安定した理由を理解しよう。

2 院政と武士の中央進出 ★★

❶ 白河上皇の政治…1086 年, **白河天皇**は幼い皇子に位を譲って**上皇**となり, 住まいである「院」で政治を始める（**院政**）。

❷ 武士の進出…1156 年, 天皇と上皇の対立に, 源氏と平氏の武士団も 2 派に分かれて戦い, 後白河天皇方が勝利する（**保元の乱**）。1159 年に後白河上皇の政権内で勢力争いがおこり, 平清盛が源義朝を破る（**平治の乱**）。

3 平氏の政治 ★★

❶ 武家政権の誕生…1167 年, **平清盛**が武士として初の**太政大臣**に任じられる。清盛は天皇と結婚させた娘の子を天皇とし, 一族を朝廷内の高い官位に就けることで, 初の武家政権をつくる。また, **大輪田泊**(兵庫の港)を修築し, **日宋貿易**で宋銭などを輸入して利益を得る。

▲平清盛

❷ 源平の争乱…平氏に対する不満が高まり, 諸国の武士が挙兵。源氏の棟梁である**源頼朝**は弟の**源義経**を派遣→ 1185 年, 義経は**壇ノ浦**の戦いで平氏を滅ぼす。

源平の争乱

←源頼朝の進路　←源義仲の進路
←源義経の進路　✕ おもな合戦地
←その他の源氏軍の進路

平泉
倶利伽羅峠 1183年
一ノ谷 1184年
壇ノ浦 1185年
京都
鎌倉
大宰府
石橋山 1180年
伊豆
屋島 1185年
宇治川 1184年
富士川 1180年

▲厳島神社(広島県)

平氏は厳島神社を熱心に信仰したよ。

4 鎌倉幕府 ★★

❶ 幕府の成立…**源頼朝**は弟の義経を捕らえることを口実に, 1185 年に**守護**・**地頭**を設置, 1192 年に**征夷大将軍**に任じられる。

part 1 古代までの日本
part 2 中世の日本
part 3 近世の日本
part 4 近現代日本の歩みと国際関係
part 5 二つの世界大戦と日本
part 6 現代の日本と世界

❷ 幕府のしくみ…鎌倉(神奈川県)を拠点とする本格的な武家政権。将軍と御家人の**主従関係**をもとに住民や土地を支配するしくみが成立する。

主従関係
- 守護・地頭の任命
- 所有地の保護
- 領地を与える

御恩

奉公
- 忠誠をつくす
- 戦いに出る
- 京都や鎌倉の警備

将軍 ⇄ 御家人

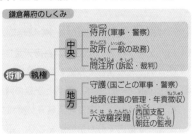

鎌倉幕府のしくみ

将軍 ─ 執権

中央
- 侍所(軍事・警察)
- 政所(一般の政務)
- 問注所(訴訟・裁判)

地方
- 守護(国ごとの軍事・警察)
- 地頭(荘園の管理・年貢徴収)
- 六波羅探題(西国支配/朝廷の監視)

Check!
- 守護→国ごとに置かれ、軍事や警察を担当する。
- 地頭→荘園・公領の管理や年貢の取り立てを行う。

北条政子は「尼将軍」と呼ばれたよ。

⑤ 執権政治と承久の乱 ★★★

❶ 北条氏…源頼朝の死後、妻**北条政子**とその一族が実権を握り、政子の父である北条時政が**執権**となる→源氏の直系は3代で滅亡。

❷ 執権政治…1221年、後鳥羽上皇が政治の実権を取り戻そうと挙兵するが失敗(**承久の乱**)。幕府が上皇方から取り上げた土地を恩賞として与えることで、その支配は西国にも及び、北条氏の執権政治が確立する。

❸ 武家法…1232年、3代執権**北条泰時**が、公正な裁判を行うために**御成敗式目**(貞永式目)を制定。長く武家社会の根本法として位置づけられる。

六波羅探題
鎌倉幕府が朝廷監視のために京都に置いた機関。

くらべる

京都所司代
江戸幕府が朝廷監視のために京都に置いた機関。

最重要年代暗記

承久の ある **日に不意**に 乱おこる
1 2 2 1

1221年、政治の実権を取り戻そうと、後鳥羽上皇が幕府打倒の兵を挙げるが、失敗に終わる。

解答

□❶ 10世紀，自らを「新皇」と名乗り，関東地方で反乱をおこしたのはだれか。

❶ 平将門

□❷ 11世紀の2度の戦乱の後，東北地方で勢力をふるった，馬や砂金の交易で成長した一族の名を答えよ。

❷ 奥州藤原氏

□❸ 1086年に院政を始めたのはだれか。

❸ 白河上皇

□❹ 1156年，天皇と上皇の勢力争いから京都で始まった戦乱を何というか。

❹ 保元の乱

□❺ 1167年に武士として初めて太政大臣に任じられたのはだれか。

❺ 平清盛

□❻ ❺の人物が大輪田泊を修築し，中国と行った貿易を何というか。

❻ 日宋貿易

□❼ 平氏一族が滅亡した戦いを何というか。

❼ 壇ノ浦の戦い

□❽ 本格的な武家政権を鎌倉に開いたのはだれか。

❽ 源頼朝

□❾ ❽の人物が1192年に任じられた役職は何か。

❾ 征夷大将軍

□❿ 右の図は鎌倉時代の主従関係を表している。A・Bにあてはまる語句をそれぞれ答えよ。

将軍
A ↓ ↑ B
御家人

❿ A御恩
　B奉公

□⓫ 御家人の統率や治安の維持のために，国ごとに置かれた役職を何というか。

⓫ 守護

□⓬ 荘園や公領ごとに置かれ，土地の管理や年貢の徴収を担った役職を何というか。

⓬ 地頭

□⓭ 将軍の補佐をする役職を何というか。

⓭ 執権

□⓮ ⓭の役職に代々就任した一族の名を答えよ。

⓮ 北条氏

□⓯ 右のことばは（　①　）の乱に際して（　②　）が発したものである。

みなの者，よく聞きなさい。これが最後のことばになります。頼朝公が朝廷の敵を倒し，幕府を開いてから，その恩は山より高く，海より深いものでした…
（一部要約）

⓯ ①承久
　②北条政子

記述

□⓰ ⓯の後，幕府が京都に六波羅探題を置いた目的を説明せよ。

⓰ （例）朝廷を監視し，西国の武士を統制するため。

□⓱ 1232年に北条泰時が定めた初の武家法を何というか。

⓱ 御成敗式目
　（貞永式目）

part 1 ☖ 古代までの日本
part 2 ☗ 中世の日本
part 3 ☖ 近世の日本
part 4 ☖ 近代日本の歩みと国際関係
part 5 ✈ 二つの世界大戦と日本
part 6 ◎ 現代の日本と世界

月　日

7. 元寇と鎌倉幕府の滅亡

年号も覚えねば！

時代	中国	年代	おもなできごと・文化
鎌倉時代	宋(南宋) 金 モンゴル 元	1206	**チンギス＝ハン**がモンゴルを統一
		1271	**フビライ＝ハン**が**元**を建国する
		1274	**文永の役**がおこる ┐元寇
		1281	**弘安の役**がおこる ┘
		1297	**徳政令**が出される
		1333	**鎌倉幕府**が滅亡する

鎌倉文化
● 金剛力士像
● 『平家物語』
● 『徒然草』
● 新しい仏教

① 武士の農村支配 ★

❶ 武士の生活…農村の簡素な館に住み，戦いに備えて弓馬の訓練を行う。惣領を中心とした一族の団結力は強く，領地は女子も含めた**分割相続**。

❷ 地頭の農村支配…土地をめぐって，荘園や公領の領主と地頭の争いがたびたびおこり，土地の半分を地頭に与える**下地中分**が行われることが増加。農民は**領主と地頭の二重支配**を受ける。

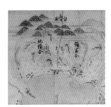

▲下地中分
(伯耆国河村郡東郷庄之図)

② 鎌倉仏教と鎌倉文化 ★★

❶ 鎌倉仏教…戦乱や災害が続く中，救いを求める人々に対し，わかりやすく信仰しやすい仏教が広まる。

丸暗記

宗派	開祖	特徴
浄土宗	法然	一心に念仏を唱えれば，極楽浄土に行ける。
浄土真宗 (一向宗)	親鸞	念仏を唱え，罪を自覚した悪人こそが救われる(悪人正機説)。
時宗	一遍	踊念仏や念仏の札を配って布教する。
日蓮宗 (法華宗)	日蓮	法華経の題目(南無妙法蓮華経)を唱えれば人も国も救われる。
禅宗	栄西	座禅によって，自分の力で悟りを得る。
	道元	宋(中国)から伝える。

得点 UP!
● 鎌倉仏教の開祖と特徴を整理しよう。
● 元寇の2度の戦いとその及ぼした影響を理解しよう。

❷ 鎌倉文化…武士の気風に合った力強い文化。

文学	軍記物	『平家物語』(琵琶法師が語り広める)
	随筆	『方丈記』(鴨長明)
		『徒然草』(兼好法師)
	歌集	『新古今和歌集』(藤原定家が編集)
建築		東大寺南大門
彫刻		金剛力士像(運慶・快慶ら)

▲東大寺南大門

◀金剛力士像(吽形)

③ モンゴル帝国の繁栄 ★

❶ モンゴル帝国…13世紀初め，**チンギス=ハン**が遊牧民族を統一し，大帝国を築く。交通路を整備し，他民族の宗教も認めたため，東西の交流が活発化する。

❷ 領土の拡大…チンギス=ハンの孫の**フビライ=ハン**は都を大都(現在の北京)に移し，国号を**元**とする。中国を支配し，周辺諸国を従わせようとする。

▲フビライ=ハン

知っておきたい
フビライに仕えたイタリア人のマルコ=ポーロは，『世界の記述(東方見聞録)』の中で日本を「黄金の国ジパング」と紹介している。

④ 元寇(蒙古襲来) ★★★

❶ 原因…数回にわたってフビライが朝貢を要求してきたが，8代執権**北条時宗**はこれを拒否する。

❷ 1度目の襲来(1274年)…元軍が高麗軍とともに**博多湾**に上陸。御家人は**集団戦法や火薬**に苦しむ→高麗軍との対立もあり元軍撤退(**文永の役**)→元軍の上陸を防ぐための防壁(石塁，防塁)を博多湾に築く。

❸ 2度目の襲来(1281年)…元軍は御家人の激しい抵抗や防壁に上陸をはばまれ，激しい暴風雨に被害を受けて引きあげる(**弘安の役**)。

part 1 古代までの日本
part 2 中世の日本
part 3 近世の日本
part 4 近代日本の歩みと国際関係
part 5 二つの世界大戦と日本
part 6 現代の日本と世界

◀元軍との戦い（「蒙古襲来絵詞」）

絵の中で破裂しているのは「てつはう」という元の火薬兵器。元軍（左）は集団で戦っているね。

知っておきたい 「蒙古襲来絵詞」は肥後国（熊本県）の御家人竹崎季長が，自身の元寇における活躍を描かせたものである。

⑤ 鎌倉幕府の滅亡 ★★

❶ 御家人の困窮

- 元寇における御家人の活躍に対し，幕府の恩賞は不十分。
- 元軍の3度目の襲来に対する備えが大きな負担となる。
- 分割相続による領地の細分化。

> **テストで注意**
>
> **Q** 元寇の恩賞が不十分だったのはなぜか。
>
> ↓
>
> **A** （例）防衛の戦いで，新たな領土を獲得したわけではないから。

❷ 救済策…領地を質入れや売却した御家人を救済するため，幕府は1297，**御家人が手放した土地の返還**を命じる**徳政令**を出す→効果は一時的。

❸ 倒幕計画…北条氏の権力拡大に対し，幕府への不満が高まる中，**後醍醐天皇が楠木正成**などの悪党勢力を味方につけ，倒幕を図る。有力御家人の**足利尊氏**や**新田義貞**らも天皇方につき，**1333年**，幕府は滅亡する。

Check!

- 御家人→将軍と主従関係を結んだ武士。
- 悪党→幕府に従わず，荘園領主や寺社から年貢を奪うなどする新興の武士。

最重要年代暗記

徳政令 **皮肉な** 効果は 一時的
　　　　1 2 9 7

1297年，困窮する御家人を救おうと，幕府は借金帳消し命令（徳政令）を出すが，かえって経済は混乱する。

☑ チェックテスト

解答

- □**①** 浄土宗を開いた僧はだれか。
- □**②** 悪人正機説を唱えた親鸞が開いた宗派を何というか。
- □**③** 踊念仏などによって布教活動を行った僧はだれか。
- □**④** 題目を唱えることで,国も人も救われると説いた僧はだれか。
- □**⑤** 栄西や道元が宋から伝えた仏教を何というか。
- □**⑥** 琵琶法師によって語り広められた,代表的な軍記物を何というか。
- □**⑦** 右の写真の仏像を何というか。
- □**⑧** ⑦の仏像が置かれ,宋から伝わった建築様式が採用された建造物は何か。

- □**⑨** 右の地図の**A**は 1279 年に宋を滅ぼした。**A**の王朝と,―の範囲が示す帝国の名を答えよ。
- □**⑩** ⑨の王朝を建て,中国全土を支配した人物はだれか。
- □**⑪** ⑩の人物の日本への朝貢要求を拒否した鎌倉幕府の執権はだれか。
- □**⑫** ⑩は 2 度日本に軍を派遣した。このうち,1274 年の襲来を（ ① ），1281 年の襲来を（ ② ）という。
- 記述 □**⑬** このころ,経済的に困窮し,土地を手放す御家人が増えた。⑫の影響以外の困窮理由を説明せよ。
- □**⑭** 困窮する御家人を救済するために,1297 年に幕府が出した命令を何というか。
- □**⑮** 鎌倉時代後期に近畿地方を中心に出現した,新興の武士を何というか。
- □**⑯** 鎌倉幕府を倒そうと戦いをおこした天皇はだれか。

解答

- **①** 法然
- **②** 浄土真宗
- **③** 一遍
- **④** 日蓮
- **⑤** 禅宗
- **⑥** 『平家物語』
- **⑦** 金剛力士像
- **⑧** 東大寺南大門
- **⑨** 元, モンゴル帝国
- **⑩** フビライ＝ハン
- **⑪** 北条時宗
- **⑫** ①文永の役 ②弘安の役
- **⑬** 分割相続によって領地が細分化されたから。
- **⑭** 徳政令
- **⑮** 悪党
- **⑯** 後醍醐天皇

part 1 古代までの日本
part 2 中世の日本
part 3 近世の日本
part 4 近代日本のあゆみと国際関係
part 5 二つの世界大戦と日本
part 6 現代の日本と世界

8. 南北朝の動乱と室町幕府

📎 年表・図解チェック

年号も
覚えねば！

時代	中国	年代	おもなできごと・文化
南北朝時代	元	1334	建武の新政が始まる
		1336	南北朝の動乱が始まる（〜92）
		1338	足利尊氏が征夷大将軍になる
			●倭寇の活動が活発化する
室町時代	明	1368	元が滅び, 明がおこる
		1378	足利義満が幕府を室町に移す
		1392	足利義満が南北朝を統一する
		1404	日明貿易（勘合貿易）が始まる
		1429	尚氏が琉球王国を建国する

▲後醍醐天皇

北山文化
●金閣
●能・狂言

① 建武の新政と南北朝の動乱 ★★

❶ 建武の新政…1334年, 後醍醐天皇が
天皇親政を始める。自身に権力を集め,
新しい政策を打ち出すが, 政治は混乱。
不満を高める武士の中から足利尊氏が
挙兵し, 新政は約2年で失敗に終わる。

テストで注意

Q 建武の新政が失敗に
終わったのはなぜか。
↓
A （例）武士の政治を否定
し, 公家を重視する政治
を行ったから。

二条河原落書

このごろ都ではやっているものは, 夜討・強盗,
天皇のにせの命令。囚人や緊急事態を知らせる
早馬, 何もないのにおきる騒動。　　（一部要約）

後醍醐天皇の政権を
批判した落書だよ。

❷ 南北朝時代　●北朝…足利尊氏が新たに天皇を立てた京都の朝廷→尊氏
は征夷大将軍となって, 京都に幕府を開く。
●南朝…後醍醐天皇が逃れた先の吉野に開いた朝廷→正統性を主張。

知って
おきたい
全国の武士は南朝・北朝に分かれ, 約60年間断
続的に戦うが, 次第に南朝が劣勢となっていった。

② 室町幕府 ★★

丸暗記

❶ 足利義満…3代将軍。室町幕府の基盤を固める。
  ● 1378年,京都の室町に「花の御所」を造営する。
  ● 1392年,南北朝を統一する。
  ● 1394年,太政大臣に任じられる(翌年辞任)。
  ● 1404年,明と朝貢形式で日明(勘合)貿易を始める。

義満は金閣をつくったり,
観阿弥・世阿弥を
保護したりもしたよ。

❷ 室町幕府のしくみ…将軍を補佐する管領や侍所長官には有力守護が任命される。幕府は,土倉や酒屋などの金融業者を保護することによる税金を財源とする。

❸ 地方での動き…守護は国司の権限を吸収。国内の武士を家臣とし,一国を支配する守護大名に成長する。

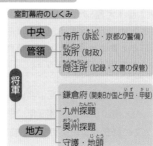

室町幕府のしくみ

```
          ┌ 中央 ─┬ 侍所(訴訟・京都の警備)
          │       ├ 管領 ┬ 政所(財政)
将軍 ─────┤             └ 問注所(記録・文書の保管)
          │
          └ 地方 ─┬ 鎌倉府(関東8か国と伊豆・甲斐)
                  ├ 九州探題
                  ├ 奥州探題
                  └ 守護・地頭
```

執権		管領
鎌倉幕府の将軍の補佐職。北条氏が独占し,政治の実権を握る。	くらべる	室町幕府の将軍の補佐職。有力守護大名である細川・畠山・斯波の三氏が交代で就任。

③ 東アジアとの交易 ★★★

❶ 中国(明)…元が衰え,1368年,漢民族が明を建国。周辺国の朝貢に対し,高価な返礼を皇帝が与える朝貢貿易を行う。倭寇の取り締まりを条件に,足利義満は臣下としての立場で貿易を行い,巨額の利益を得る。この日明貿易は正式な貿易船に勘合が与えられることから,勘合貿易ともいう。

勘合のしくみ

```
┌──────┐   ┌──────┐   ┌──────┐
│本字壹號│ → │本字壹號│ → │本字壹號│
└──────┘   └──────┘   └──────┘
```

日本の貿易船は,勘合の左半分を持参し,明の原簿にある右半分と合えば,正式な貿易船と認められる。

● 日本のおもな輸入品…銅銭・生糸・絹織物
● 日本のおもな輸出品…銅・硫黄・刀剣・扇

part 1 古代までの日本
part 2 中世の日本
part 3 近世の日本
part 4 近代日本の歩みと国際関係
part 5 二つの世界大戦と日本
part 6 現代の日本と世界

❷ 朝鮮国…1392年, 李成桂が高麗を滅ぼして建国。独自のハングルという文字をつくる。日本に倭寇の取り締まりを求めるとともに貿易を行う。

- 日本のおもな輸入品…綿織物・仏教経典・陶磁器
- 日本のおもな輸出品…銅・硫黄

Check!

倭寇は大陸沿岸で密貿易や海賊行為を行った人々。当初は西日本の武士や漁民, のちに朝鮮人や中国人が中心となる。

アジアの交易

	朝鮮		東南アジア

朝鮮→日本: 綿織物・経典・陶磁器
日本→朝鮮: 銅・硫黄・薬・香料
東南アジア→琉球: 刀剣・扇・生糸・絹織物
琉球→東南アジア: 象牙・香木・こしょう
日本→琉球: 銅・刀剣・扇
琉球→日本: 象牙・香木・こしょう・生糸
日本→明: 銅銭・生糸・絹織物・陶磁器
明→日本: 銅・硫黄・刀剣・扇
明→琉球: 馬・硫黄・銅・刀剣
琉球→明: 銅銭・生糸・絹織物・陶磁器

琉球王国
(中継貿易)

明

首里城跡に復元された正殿（焼失前）

❸ 琉球(沖縄)…14世紀に北山・中山・南山が成立。1429年, 中山王の尚氏が首里を都とする琉球王国を建国する。明との朝貢貿易とともに, 日本や朝鮮, 東南アジアと交易を活発に行い, 琉球産の硫黄をはじめ諸国の産物を他国に輸出する中継貿易で繁栄する。

❹ 蝦夷地(北海道)…13世紀以降, アイヌ民族が狩りや漁, 交易を行う。14世紀には, 津軽半島(青森県)の十三湊を本拠とする安藤氏が彼らと交易を行い, 15世紀には本州の人々(和人)が蝦夷地南部に進出する。

知っておきたい　和人との交易に不満を抱くアイヌ民族は首長コシャマインを中心に立ち上がるが, 敗北に終わる。

最重要年代
暗記

統一で 一つさ国 は 南北朝
　　　　1 3 9 2

南北朝統一

1392年, 3代将軍足利義満の呼びかけで南北朝は統一され, 約60年間続いた動乱が終わる。

☑チェックテスト

□❶ 後醍醐天皇が行った天皇親政を何というか。

□❷ ❶に不満をもって挙兵し，のちに征夷大将軍となった武士はだれか。

□❸ 後醍醐天皇は京都を逃れ，どこに朝廷を開いたか。

□❹ 南朝と北朝を統一したのはだれか。

□❺ ❹の人物が「花の御所」を造営し，その地で政治を行うようになったことから，この幕府を何というか。

□❻ ❹の人物が任じられた朝廷での官職を何というか。

□❼ ❺の幕府で将軍の補佐を行う役職を何というか。

□❽ このころ，国司にかわって，国内の武士を統率し，独自で領国を支配するまでに成長した人々を何というか。

□❾ このころ，朝鮮や中国の沿岸部で海賊行為を行った人々を何というか。

□❿ 14世紀に漢民族が建国した中国の王朝を何というか。

記述 □⓫ 中国との貿易において，右の勘合は何のために用いられたか。

□⓬ 中国との貿易のおもな輸入品は生糸・絹織物と何か。

□⓭ 14世紀末，高麗を滅ぼし，朝鮮国を建国したのはだれか。

□⓮ このころつくられた，朝鮮独自の文字を何というか。

□⓯ 尚氏によって統一，建国された国を何というか。

□⓰ ⓯の国がアジアの諸地域と行った貿易の形態を何というか。

□⓱ 蝦夷地(北海道)の先住民を何というか。

□⓲ 14世紀，⓱と交易を行う本拠地となった津軽半島の地名を答えよ。

□⓳ 15世紀，和人との交易に不満をもち，戦いをおこした⓱の首長はだれか。

解答

❶ 建武の新政

❷ 足利尊氏

❸ 吉野

❹ 足利義満

❺ 室町幕府

❻ 太政大臣

❼ 管領

❽ 守護大名

❾ 倭寇

❿ 明

⓫ (例)正式の貿易船であることを証明するため。

⓬ 銅銭

⓭ 李成桂（イソンゲ）

⓮ ハングル

⓯ 琉球王国

⓰ 中継貿易

⓱ アイヌ民族

⓲ 十三湊

⓳ コシャマイン

part
1
古代までの日本

part
2
中世の日本

part
3
近世の日本

part
4
近代日本と世界との関わり

part
5
二度の世界大戦と日本

part
6
現代の日本と世界

9. 民衆の成長と室町文化

年表・図解チェック

年号も
覚えねば！

時代	中国	年代	おもなできごと・文化
室町時代	明	1428	正長の土一揆がおこる
		1467	応仁の乱がおこる(〜77)
戦国時代			● 下剋上の風潮が広がる
		1485	山城の国一揆がおこる(〜93)
		1488	加賀の一向一揆がおこる(〜1580)

東山文化
● 銀閣・書院造
● 水墨画・石庭

① 産業の発達 ★★

❶ 農業…**二毛作**, 堆肥などの肥料, 牛馬耕などの農業技術が各地に広がり, 収穫が増加。茶・麻・藍・桑の栽培も広まる。

❷ 手工業…絹織物, 和紙, 陶器などの特産物が各地でつくられる。

❸ 商業…**定期市**の開催が月3回から6回に増加。商工業者は同業者組合である座を結成し, 公家や寺社に税を納め, 営業を独占する権利を獲得する。宋銭や明銭が流通し, **土倉**(質屋)や**酒屋**などが高利貸しを営む。

◀明銭(永楽通宝)

❹ 運送業…商品の輸送を担う運送業が活発化。陸上輸送は**馬借**や**車借**, 水上輸送や倉庫業は**問**(問丸)が担う。

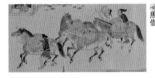
◀馬借

② 民衆の自治 ★★

❶ 村の自治…**惣(惣村)**では寄合を開いて村の**おきて**をつくる。

一揆は要求を通すための
集団行動だよ。

Check!

● 土一揆→借金の帳消しなどを要求。1428年の正長の土一揆が最初。

● 国一揆→武士と農民らが自治などを要求。1485年の山城の国一揆(京都府南部)では守護大名の畠山氏を追放し, 8年間自治を行う。

● 一向一揆→浄土真宗の信徒による一揆。1488年の加賀の一向一揆(石川県)では守護大名を滅ぼし, 約100年間自治を行う。

得点 UP!
- 産業の発達による民衆の成長についてまとめよう。
- 北山文化と東山文化の特色の違いを整理しよう。

❷ 都市の自治…**京都**や**堺**，博多などの都市では，**町衆**と呼ばれる富裕な商工業者によって自治が行われる。

知っておきたい 応仁の乱で途絶えた祇園祭は京都の町衆の力で復活し，現在まで盛大な祭りとして続いている。

③ 下剋上の世の中 ★★

❶ 応仁の乱…1467年，8代将軍**足利義政**のあとつぎ問題に守護大名の**細川氏**と**山名氏**の勢力争いなどが結びつき，多くの守護大名が東軍と西軍に分かれ，京都で11年間戦う。都は焼け野原となる。

応仁の乱開戦時の対立関係

西軍		東軍
足利義尚（義政の実子）	将軍のあとつぎ問題	足利義視（義政の養子）
山名持豊（宗全）	大有力名のの守護対立	細川勝元

応仁の乱では集団で戦う足軽が現れたよ。

❷ 戦国の世へ…応仁の乱後，幕府の権威は低下。守護大名やその家臣の間では，実力があれば上の身分の者にとってかわってもかまわないという**下剋上**の風潮が広がる。応仁の乱以後の時代を**戦国時代**という。

❸ 新たな大名の登場…守護大名やその家臣が成長し，領国内の武士を従える**戦国大名**に成長する。
- **城下町**に家臣を住まわせ，商工業者を集める。
- 独自の**分国法**を制定し，家臣や領民を統制する。

分国法（『甲州法度之次第』）
一，けんかをした者はいかなる理由でも処罰する。
一，許可なく他国に贈り物や手紙を送ることは一切禁止する。　（一部要約）

Check!
- 守護大名から成長した戦国大名→島津貴久・今川義元・武田信玄など。
- 家臣などから成長した戦国大名→毛利元就・北条早雲・上杉謙信など。

守護大名		戦国大名
幕府が任命した守護が成長。幕府を支える。	くらべる	守護大名やその家臣，有力武士が成長。独自の領国支配。

part 1 古代までの日本
part 2 中世の日本
part 3 近世の日本
part 4 近代日本の歩みと国際関係
part 5 二つの世界大戦と日本
part 6 現代の日本と世界

④ 室町文化 ★★★

● 北山文化…足利義満のころの公家と武家の様式が融合した文化。

- **●金閣**…足利義満が京都の北山に建てる。寝殿造，寝殿造と書院造，禅宗様の三層建築。

▲鹿苑寺の金閣

- **●能**…足利義満の保護を受けた**観阿弥・世阿弥**父子が大成した舞台芸能。猿楽・田楽が発展。

② 東山文化…足利義政のころの禅宗の影響が強い，簡素なおもむきのある文化。

- **●銀閣**…足利義政が京都の東山に建てる。書院造・禅宗様の二層建築。

▲慈照寺の銀閣

丸暗記

●書院造…銀閣と同じ敷地にある**東求堂同仁斎**が代表的な建築。床の間や違い棚，明かり障子などが特色。生け花や茶の湯の文化が育つ。

◀東求堂同仁斎

- **●水墨画**…墨一色で自然などを表現する絵画。明で学んだ禅僧の**雪舟**が日本の水墨画を大成する。

- **●石庭**…砂や石で自然を表現した**枯山水**の庭がつくられる。差別を受けていた**河原者**が優れた技術を発揮する。

◀「秋冬山水図」（雪舟）

③ 民衆の文化…自治を行うようになった民衆の経済的な成長とともに文化が広がる。

- **●狂言**…能の合い間に演じられる喜劇。
- **●御伽草子**…「一寸法師」など，民衆を主人公にした絵入りの物語。
- **●連歌**…和歌の上の句と下の句を次々に詠みつぐ。もとは貴族の遊び。

最重要年代 暗記

戦国の **人よむな**しい 応仁の乱
1　4　6　7

1467年，将軍のあとつぎ争いに端を発した応仁の乱は約11年間続き，京都は焼け野原となる。

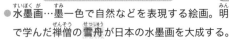
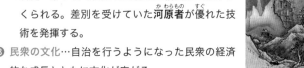

✅ チェックテスト

 解答

□❶ 貴族や寺社に税を納め，営業を独占する権利を認められていた同業者組合を何というか。

□❷ 物資を定期市などに運ぶ陸上運送業者を何というか。

□❸ 有力農民を中心とした農村の自治組織を何というか。

□❹ ❸の寄合で定めた，森林や用水路の維持・管理などに関する村独自のきまりを何というか。

□❺ 1428年，民衆が借金の帳消しを求めて土倉や酒屋を襲ったできごとを何というか。

□❻ 浄土真宗の信徒がおこす一揆を何というか。

□❼ 1467年，将軍のあとつぎ争いをきっかけに京都で11年間にわたって続いた戦乱を何というか。

□❽ ❼のきっかけとなった将軍はだれか。

記述 □❾ ❼の乱ののち，全国に下剋上の風潮が広がった。下剋上とは何かを説明せよ。

□❿ 戦国大名が自分の領国の武士や農民を統制するために定めた独自の法を何というか。

□⓫ 足利義満が京都に建てた三層建築を何というか。

□⓬ 足利義満が保護した観阿弥・世阿弥父子が大成した舞台芸能を何というか。

□⓭ 寺院の部屋の様式を住居に取り入れた，銀閣で見られる建築様式を何というか。

□⓮ 銀閣に代表される室町時代中期の文化を何というか。

□⓯ 水を使わずに砂や石で自然を表現する庭づくりの手法を何というか。

□⓰ ⓯のような石庭づくりや牛馬の皮をなめす仕事に従事した人々を何というか。

□⓱ 日本独自の水墨画を大成した右の人物はだれか。

□⓲ 「一寸法師」などの絵入りの物語を何というか。

---

❶ 座

❷ 馬借(車借)

❸ 惣(惣村)

❹ おきて

❺ 正長の土一揆

❻ 一向一揆

❼ 応仁の乱

❽ 足利義政

❾ (例)実力があれば，上の者を倒し，とってかわってもかまわないという考え。

❿ 分国法

⓫ 金閣

⓬ 能

⓭ 書院造

⓮ 東山文化

⓯ 枯山水

⓰ 河原者

⓱ 雪舟

⓲ 御伽草子

📝 まとめテスト

月　日

解答

□❶ 1086年に院政を開始した上皇を次から選べ。
　　ⓐ 鳥羽上皇　　ⓘ 白河上皇
　　ⓤ 後鳥羽上皇　ⓔ 後白河上皇

❶ イ

□❷ 東北地方で馬と砂金の交易で栄えた豪族とその本拠地を答えよ。

❷ 奥州藤原氏，
平泉

□❸ 平清盛が勢力を広げることになった，1159年に京都でおこった戦乱を何というか。

❸ 平治の乱

□❹ 武士の本格的な政権である鎌倉幕府を開いたのはだれか。

❹ 源頼朝

□❺ 将軍と主従関係を結んだ武士を何というか。

❺ 御家人

□❻ 下の図は鎌倉幕府のしくみを示したものである。図中のA〜Dにあてはまる語句をそれぞれ答えよ。

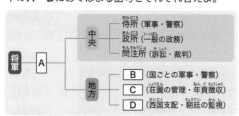

❻ A 執権
B 守護
C 地頭
D 六波羅探題

□❼ 上の図中Dの役職が置かれるきっかけとなった戦乱を何というか。

❼ 承久の乱

□❽ 元が襲来した際の元の皇帝と日本の執権をそれぞれ次から選べ。
　　ⓐ フビライ＝ハン　　ⓘ チンギス＝ハン
　　ⓤ 北条時政　　　　　ⓔ 北条時宗

❽ 元の皇帝ア
日本の執権エ

□❾ 元との2度の戦乱を次から選び，おきた順に答えよ。
　　ⓐ 弘安の役　　ⓘ 文禄の役
　　ⓤ 慶長の役　　ⓔ 文永の役

❾ エ→ア

□❿ 次の僧が開いた宗派をそれぞれ答えよ。
　　①一遍　　②法然　　③日蓮　　④親鸞

❿ ①時宗
②浄土宗
③日蓮宗
（法華宗）
④浄土真宗
（一向宗）

□⓫ 兼好法師が著した随筆を答えよ。

⓫『徒然草』

□⑫ 後醍醐天皇が鎌倉幕府を滅ぼして断行した建武の新政が約2年で失敗に終わったのはなぜか。

□⑬ 南北朝の統一を行った人物はだれか。

□⑭ 14世紀に大陸沿岸で海賊行為を行った人々を何というか。

□⑮ ⑭と区別するために，正式な貿易船に中国からの通交証明書をもたせて行った，朝貢貿易を何というか。

□⑯ 15世紀初めに尚氏によって建国され，中継貿易で栄えた国を何というか。

□⑰ 室町時代の同業者組合を何というか。

□⑱ 室町時代の高利貸しにあたらないものを次から1つ選べ。
　　㋐ 馬借　　㋑ 寺院　　㋒ 土倉　　㋓ 酒屋

□⑲ 右の写真は正長の土一揆で人々が勝ち取った成果を記した碑文である。人々はどのような要求をかかげて土一揆をおこしたか，簡潔に説明せよ。

□⑳ 将軍のあとつぎ問題に守護大名の対立などがからんで，京都でおこった室町時代の戦乱を何というか。

□㉑ ⑳の戦乱後の，実力のある者が上の身分の者にとってかわる風潮を何というか。

□㉒ ㉑によって出現した，独自に領国支配を行った人々を何というか。

□㉓ 室町時代前期に能を大成した父子の名を答えよ。

□㉔ 右の絵の建築物とこれを建てた人物を答えよ。

□㉕ ㉔の建築物にも見られる，禅宗の影響を受けた建築様式を何というか。

□㉖ 中国に渡ってさまざまな絵画技法を学び，日本の水墨画を大成した禅僧はだれか。

⑫ (例)貴族を重視し，武士の政治を否定したから。

⑬ 足利義満

⑭ 倭寇

⑮ 日明貿易(勘合貿易)

⑯ 琉球王国

⑰ 座

⑱ ㋐

⑲ (例)借金の帳消し(徳政令を出すこと)。

⑳ 応仁の乱

㉑ 下剋上

㉒ 戦国大名

㉓ 観阿弥・世阿弥

㉔ 銀閣，足利義政

㉕ 書院造

㉖ 雪舟

part 1 改革と日本
part 2 中世の日本
part 3 近世の日本
part 4 近代日本のあゆみと国際関係
part 5 二つの世界大戦と日本
part 6 TOKYO 現代の日本と世界

10. ヨーロッパ人の海外進出

📎 年表・図解チェック

年号も
覚えねば!

時代	中国	年代	おもなできごと
平安時代	宋	1096	**十字軍**の遠征が始まる(〜1270)
鎌倉時代	元	14世紀	●イタリアで**ルネサンス**が始まる
室町時代		1492	**コロンブス**が西インド諸島に到達する
		1498	**バスコ=ダ=ガマ**がインド航路を開く
		1517	ドイツで**ルター**が宗教改革を始める
		1519	**マゼラン**一行が世界一周に出発する(〜22)
戦国時代	明	1534	**イエズス会**が結成される
		1543	ポルトガル人が日本に**鉄砲**を伝える
		1549	**フランシスコ=ザビエル**がキリスト教を日本に伝える
安土桃山時代		1581	オランダがスペインから独立する
		1582	**天正遣欧使節**が派遣される

① 中世ヨーロッパ ★

❶ キリスト教…11世紀，カトリック教会の頂点に立つ**ローマ教皇**(法王)が諸国の王よりも強大な権力を握る。

❷ 聖地奪還の動き…11世紀末，イスラム教勢力によってキリスト教の聖地エルサレムが奪われる→ローマ教皇は聖地の奪還を目ざして**十字軍**の派遣を命じるが失敗に終わり，その権威は低下する。

② ルネサンス ★

14世紀，古代ギリシャ・ローマの文化を模範とする**ルネサンス**(文芸復興)がイタリアでおこる。16世紀にかけてヨーロッパ各地に広まり，多くの作品がつくられる。

◀「ダビデ」(ミケランジェロ)

◀「モナ=リザ」(レオナルド=ダ=ビンチ)

知っておきたい　ルネサンスで改良された羅針盤や火薬は，大航海時代の原動力となった。

③ 宗教改革 ★★

ルターやカルバンは、ローマ教皇による免罪符の販売を批判し、「信仰のよりどころは聖書である」として**宗教改革**を始める。これを支持する**プロテスタント**に対し、カトリック教会では**イエズス会**が結成される。

④ 大航海時代 ★★★

❶ 目的…①**アジアの香辛料**を直接、安価に入手するため。②キリスト教(カトリック)をアジアやアメリカ大陸に布教するため。

❷ 新航路の開拓…カトリック教国であるスペイン・ポルトガルが支援。

丸暗記
● **コロンブス**…スペインの支援を受け、**西インド諸島**に到達。
● **バスコ＝ダ＝ガマ**…ポルトガル人。**インド航路**を開拓する。
● **マゼラン一行**…スペインの援助を受け、**世界一周**に成功。

❸ ポルトガル…インドや東南アジア、中国、日本などで、香辛料や生糸などの**中継貿易**を行う。

❹ スペイン…アメリカ大陸に進出し、**インカ帝国**などを征服→**植民地**支配。銀山開発やさとうきび農園を経営する。労働力が不足すると、アフリカの人々を奴隷として連れてくる。

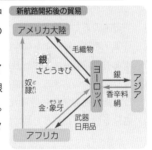

新航路開拓後の貿易

16世紀ころの世界

part 1 古代までの日本
part 2 中世の日本
part 3 近世の日本
part 4 近代日本のあゆみと国際関係
part 5 二つの世界大戦と日本
part 6 現代の日本と世界

⑤ 南蛮人の来航 ★★★

① **鉄砲の伝来**…1543年，中国船に乗って**種子島**(鹿児島県)に流れ着いた**ポルトガル人**が**鉄砲**を伝える。**堺**(大阪府)や**国友**(滋賀県)の刀鍛冶が鉄砲を生産。戦法や築城法が変化する。

② **キリスト教の伝来**…1549年，イエズス会の宣教師**フランシスコ＝ザビエル**が鹿児島に上陸し，各地で布教する。

③ **外国との貿易**…**スペイン**や**ポルトガル**の船が**平戸**(長崎県)や長崎に来航し，**南蛮貿易**を行う。このころ，スペイン人やポルトガル人は**南蛮人**と呼ばれる。

△フランシスコ＝
ザビエル

宣教師や
アフリカ人奴隷の
姿も描かれているよ。

△南蛮人の来航(「南蛮屏風」)

● 日本のおもな輸入品は中国産の**生糸**や**絹織物**，ヨーロッパの鉄砲・火薬・時計など，おもな輸出品は**銀**。

● おもな貿易港は**平戸**・**長崎**，**府内**(大分県)。

④ **キリスト教の広まり**…南蛮船でやってきた宣教師が各地で布教活動を行う。南蛮船を領内に呼ぶために信者になる大名も現れる(**キリシタン大名**)。宣教師は布教とともに慈善事業も行ったため，信者は急速に増加する。

知って
おきたい

九州のキリシタン大名が4人の天正遣欧使節をローマ教皇のもとに派遣するが，彼らが帰国したときにはキリスト教の信仰は禁止されていた。

最重要年代
暗記

種子島に 鉄砲伝来 **銃暦**
1 543

1543年にポルトガル人がもたらした鉄砲は，それまでの戦術や築城法を大きく変える。

☑ チェックテスト

記述

□ ❶ カトリック教会の首長を何というか。

□ ❷ ❶が 11～13 世紀の間に何度も十字軍の派遣を命じた目的は何か。

□ ❸ 14 世紀にイタリアで始まった，古代ギリシャ・ローマ文化を理想とする文化の風潮を何というか。

□ ❹ ❸の代表的な作品である「モナ＝リザ」を描いたのはだれか。

□ ❺ ルターやカルバンがおこしたキリスト教改革運動を何というか。

□ ❻ ❺の運動を支持した人々を，「抗議する者」という語句の意味にちなんで何というか。

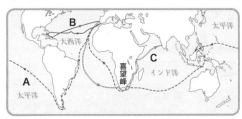

□ ❼ 上の地図中 A～C の航路に関係の深い人物をそれぞれ答えよ。

□ ❽ インカ帝国を滅ぼした国はどこか。

□ ❾ 1543 年，日本に鉄砲を伝えたのはどこの国の人か。

□ ❿ 日本に最初に鉄砲が伝わったのはどこか。

□ ⓫ 1549 年，日本にキリスト教を伝えたのはだれか。

□ ⓬ ⓫の人物が属していたカトリック教会の組織を何というか。

□ ⓭ このころ，スペイン人・ポルトガル人のことを日本では何と呼んでいたか。

□ ⓮ ⓭との貿易で，日本のおもな輸出品は何か。

□ ⓯ キリスト教徒になった大名のことを何というか。

❶ ローマ教皇（法王）

❷ （例）聖地エルサレムをイスラム勢力から奪還するため。

❸ ルネサンス

❹ レオナルド＝ダ＝ビンチ

❺ 宗教改革

❻ プロテスタント

❼ A マゼラン
B コロンブス
C バスコ＝ダ＝ガマ

❽ スペイン

❾ ポルトガル

❿ 種子島

⓫ フランシスコ＝ザビエル

⓬ イエズス会

⓭ 南蛮人

⓮ 銀

⓯ キリシタン大名

part 1 古代までの日本
part 2 中世の日本
part 3 近世の日本
part 4 近代日本の歩みと国際関係
part 5 二つの世界大戦と日本
part 6 現代の日本と世界

11. 天下統一への歩み

月　日

年号も覚えねば！

📎 年表・図解チェック

時代	中国	年代	おもなできごと・文化
室町時代		1560	**桶狭間の戦い**がおこる
		1573	**織田信長**が室町幕府を滅ぼす
戦国時代	明	1575	**長篠の戦い**がおこる
		1576	織田信長が**安土城**を築く
		1582	**本能寺の変**で織田信長が自害する
			太閤検地が始まる
安土桃山時代		1588	**刀狩令**が出される
		1590	**豊臣秀吉**が全国を統一する
		1592	文禄の役（～93）⎤
		1597	慶長の役（～98）⎦ 朝鮮侵略

◀信長が用いた「天下布武」の印章

桃山文化
● **姫路城**
● **狩野永徳**
● **千利休**

① 織田信長の統一事業 ★★

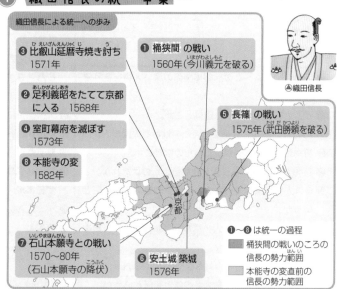

織田信長による統一への歩み

❸ 比叡山延暦寺焼き討ち
1571年

❷ 足利義昭をたてて京都に入る　1568年

❹ 室町幕府を滅ぼす
1573年

❽ 本能寺の変
1582年

❶ 桶狭間 の戦い
1560年（今川義元を破る）

❺ 長篠 の戦い
1575年（武田勝頼を破る）

❼ 石山本願寺との戦い
1570～80年
（石山本願寺の降伏）

❻ 安土城 築城
1576年

京都

▲織田信長

❶～❽は統一の過程

　桶狭間の戦いのころの信長の勢力範囲

　本能寺の変直前の信長の勢力範囲

得点 UP!
● 織田信長の統一事業の流れを年表で整理しよう。
● 太閤検地と刀狩の内容を整理し，その目的を理解しよう。

Check!
● 桶狭間の戦い(1560年)→駿河(静岡県)の大名今川義元を破る。
● 長篠の戦い(1575年)→徳川家康と連合を組み，大量の鉄砲と柵や堀を利用して，甲斐(山梨県)の大名武田勝頼の騎馬隊を破る。

❶ 宗教政策…**比叡山延暦寺**を焼き討ちにし，各地の一向一揆を弾圧，大阪の**石山本願寺**を屈服させるなど，仏教勢力に厳しい姿勢を見せる。仏教勢力への対抗と貿易の利益のために**キリスト教を保護**する。

❷ 経済政策…天下統一の本拠地として**安土城**を築城。城下に**楽市令**を出して座を廃止し，税を免除することで商工業の発展を図る(**楽市・楽座**)。

② 豊臣秀吉の統一事業 ★★★

❶ 全国統一の完成…**本能寺の変**で信長を自害に追い込んだ明智光秀を倒す。**大阪城**を拠点とし，**関白**に任じられるなど朝廷の権威も利用する。九州平定を経て，1590年に関東地方の北条氏を滅ぼし，全国統一を完成。

▲豊臣秀吉

丸暗記

❷ 国内政策…武士と農民の身分を区別する**兵農分離**をおし進める。

● **太閤検地**…ものさしとますを統一し，全国の田畑の面積や収穫高，耕作者を調査。武士は石高に応じた軍役，農民は年貢の納入が義務づけられる。荘園制は崩壊する。

● **刀狩**…農民から一切の武器を取り上げる。

❸ 宗教政策…秀吉は九州平定の際に，長崎がキリシタン大名の寄進で教会領になっていることを知り，キリスト教とスペイン・ポルトガルの結びつきを恐れ，宣教師追放を命じる(**バテレン追放令**)。

テストで注意

Q 刀狩の目的は何か。
↓
A (例)武力による一揆を防ぐため。

バテレン追放令
一，日本は神国であるから，キリスト教国から悪い教えを伝え広められるのは，非常によくない。(一部要約)

貿易もしたかったので，禁教を徹底できなかったよ。

part 1 古墳の日本
part 2 中世の日本
part 3 近世の日本
part 4 近代日本の歩みと国際関係
part 5 二つの世界大戦と日本
part 6 現代の日本と世界

④ 対外政策…朝鮮に明の征服への協力を求めたが，拒否されたため侵略。

● **文禄の役**…漢城(現在のソウル)を占領するが，明の援軍や激しい抵抗運動を受ける。朝鮮水軍の**李舜臣**が**亀甲船**で活躍。

● **慶長の役**…秀吉の病死で引きあげる。

● 朝鮮陶工が多数連行され，優れた技術が伝わる。有田焼や萩焼などがつくられる。

日本軍のおもな進路

明
会寧
明軍
平壌
朝鮮
漢城
「抗日義兵」が蜂起した地域
✕ おもな戦場
── 文禄の役
── 慶長の役
釜山
朝鮮水軍
日本
名護屋

文永の役・弘安の役
鎌倉時代におこった，元・高麗軍の博多湾への襲来。

くらべる

文禄の役・慶長の役
安土桃山時代に豊臣秀吉が行った朝鮮侵略。

③ 桃山文化 ★★

❶ 特色…戦国大名や豪商による壮大で豪華な文化。仏教の影響はほとんど見られない。

▲「唐獅子図屏風」(狩野永徳)

❷ 建築・美術…**安土城**や**姫路城**など天守のある壮大な城が築かれ，**狩野永徳**・山楽らが描く華やかな**障壁画**(ふすま絵や屏風絵)が飾られる。

❸ 茶の湯…堺の豪商**千利休**は，内面の精神性や質素な雰囲気を大切にする**わび茶**を完成させる。

▲千利休

ボタン,パン,カステラはポルトガル語だよ。

❹ 芸能…三味線に合わせて浄瑠璃が語られ，**出雲の阿国**がかぶき踊りで人気を集める。

❺ 南蛮文化…南蛮貿易でもたらされた文物が流行する。

最重要年代
暗記

秀吉が **戦国丸** く 治めたよ
　　　　　1 5 9 0

1590年，豊臣秀吉が関東地方の北条氏を滅ぼして全国統一を完成させる。

よ,ほっ
戦国

☑ チェックテスト

解答

□❶ 織田信長が今川義元を破った戦いを何というか。

❶ 桶狭間の戦い

□❷ 右の絵に描かれた戦い を何というか。

❷ 長篠の戦い

□❸ ❷の戦いで敗北した戦 国大名はだれか。

❸ 武田勝頼

□❹ 織田信長が焼き討ちに した寺院を何というか。

❹ (比叡山)延暦寺

□❺ 織田信長が天下統一の本拠地として，琵琶湖の東岸 に築いた城を何というか。

❺ 安土城

□❻ ❺の城下でだれでも自由に商工業が行えるようにし た政策を何というか。

❻ 楽市・楽座

□❼ 織田信長が自害に追い込まれたできごとを何というか。

❼ 本能寺の変

□❽ 豊臣秀吉が行った土地調査を何というか。

❽ 太閤検地

□❾ ❽を実施するにあたって，秀吉が統一したものは何か。

❾ ものさし・ ます

□❿ 豊臣秀吉が農民に武器をもつことを禁じた命令を何 というか。

❿ 刀狩令

□⓫ ❽や❿によって，身分の区別を明確にしたことを何 というか。

⓫ 兵農分離

□⓬ 豊臣秀吉の2度にわたる朝鮮侵略をそれぞれ何とい うか。年代の古い順に答えよ。

⓬ 文禄の役→ 慶長の役

□⓭ ユネスコの世界文化遺産 に登録されている右の写 真の城の名を答えよ。

⓭ 姫路城

記述 □⓮ 城に高くそびえる天守を つくっている目的は何か。

⓮ (例)支配者(大 名)が自らの権 力の大きさを 示すため。

□⓯ 「唐獅子図屏風」を描いたのはだれか。

⓯ 狩野永徳

□⓰ わび茶の作法を完成させたのはだれか。

⓰ 千利休

□⓱ かぶき踊りを始めて，人気を集めたのはだれか。

⓱ 出雲の阿国

□⓲ ヨーロッパ文化の影響を受けた文化を何というか。

⓲ 南蛮文化

12. 江戸幕府の成立と鎖国

年号も
覚えねば！

📝 年表・図解チェック

時代	中国	年代	おもなできごと
安土桃山時代		1600	関ヶ原の戦いがおこる
		1603	徳川家康が征夷大将軍になる
		1615	大阪の陣で豊臣氏が滅亡する
			武家諸法度が制定される
江戸時代	明	1624	スペイン船の来航が禁止される
		1635	日本人の海外渡航・帰国が禁止される
			武家諸法度に参勤交代の制度が追加される
		1637	九州で島原・天草一揆がおこる（〜38）
		1639	ポルトガル船の来航が禁止される
		1641	オランダ商館が平戸から長崎の出島に移される

① 江戸幕府 ★★★

❶ 幕府の成立…1600年，徳川家康は豊臣政権の維持を目ざす石田三成らを関ヶ原の戦いで破り，1603年に征夷大将軍として江戸幕府を開く。1615年に大阪の陣で豊臣氏を滅ぼし，幕府は安定する。

◀徳川家康

❷ 幕府のしくみ…幕府の直轄地（幕領）と直属の家臣の領地で全国の石高の4分の1を占める。京都や大阪，長崎などの重要地や鉱山を直轄地とする。幕府と大名がそれぞれ全国の土地と人民を支配する幕藩体制をとる。

江戸幕府のしくみ

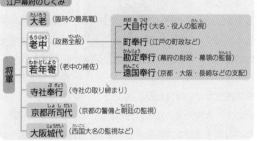

徳川氏の家来のうち，
将軍に直接会うことが
できる者を旗本，できない者を
御家人というよ。

得点 UP!

- 江戸幕府の政治のしくみを理解しよう。
- 鎖国の完成までの流れを年表で整理しよう。

江戸時代の大名は1万石以上の領地を与えられた武士のことをいうよ。

Check!
- 親藩→徳川氏の一族。
- 譜代大名→関ヶ原の戦い以前からの徳川氏の家臣。江戸周辺や重要地に配置。幕府の重要な役職に就く。
- 外様大名→関ヶ原の戦いのころから徳川氏に従った大名。江戸から離れた土地に配置。

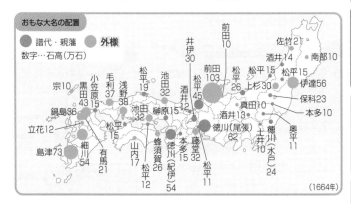

おもな大名の配置

- 譜代・親藩　● 外様
数字…石高(万石)

宗10　黒田43　小笠原15　毛利37　浅野38　松平19　池田32　前田10　井伊30　前田103　松平26　上杉30　松平15　松平15　佐竹21　南部10　酒井14　伊達56　保科23

鍋島36　立花12　島津73　細川54　有馬21　松平15　山内17　池田32　蜂須賀26　榊原15　徳川(紀伊)54　本多　藤堂　徳川(尾張)62　酒井13　真田10　本多10　土井　松平11　徳川(水戸)24　奥平11　松平12

(1664年)

❸ 幕府の統制策…大名や朝廷，武士から百姓まで厳しく支配する。

 丸暗記

- **武家諸法度**…大名の統制のため，1615年に制定。
- **参勤交代**…大名は江戸と領地を1年ごとに行き来し，妻子は江戸屋敷に住む。1635年に3代将軍**徳川家光**が武家諸法度に追加。藩財政に大きな負担となる。
- 禁中並公家諸法度…朝廷や公家の統制。政治に関与させない。
- 厳しい身分制度…豊臣時代に行われた兵農分離をおし進める。
  - 武士…支配身分として**名字・帯刀**などの特権を与えられる。
  - 町人…町役人による自治。幕府や藩に営業税を納める。
  - 百姓…**本百姓**と水呑百姓に区分。村役人による自治。**五人組**をつくり，犯罪防止や**年貢**納入の**連帯責任**を負わせる。
  - えた・ひにん…差別を受けた人々。死牛馬の解体や皮革業など。

② 幕府の宗教・外交政策の変化 ★★

❶ 貿易…徳川家康は朱印状(渡航許可証)を発行し，朱印船貿易を奨励する。東南アジアに多くの日本町ができる。

❷ 禁教と貿易統制…1612年，幕領にキリスト教の禁教令を出す。翌年，全国に拡大。1624年にスペイン船の来航を禁止，1635年には日本人の海外渡航・帰国を禁止(朱印船貿易の終了)。長崎では絵踏の実施。

❸ 禁教への抵抗…1637年，九州の島原(長崎県)・天草(熊本県)で，禁教と重税に抵抗する島原・天草一揆がおこる。天草四郎(益田時貞)が大将。

❹ 鎖国の完成…1639年にポルトガル船の来航を禁止し，1641年にオランダ商館を長崎の出島に移す。

③ 鎖国下の4つの窓口 ★★★

❶ 長崎…幕府は長崎でオランダ・中国(明→清)と貿易を行い，両国に世界情勢の報告を要求。おもな輸入品は生糸・絹織物。

❷ 対馬藩…朝鮮との国交回復に尽力。将軍の代がわりごとに朝鮮通信使が日本を訪れる。幕府の許可を得て朝鮮で貿易を行う。輸入品は木綿や朝鮮人参。

❸ 薩摩藩…琉球王国を服属。琉球に中国との朝貢貿易を継続させ，間接的に中国と貿易を行う。

❹ 松前藩…蝦夷地でのアイヌ民族との交易を独占。交易品はさけやこんぶ。アイヌの首長シャクシャインが反乱をおこす。

テストで注意

Q なぜ幕府はオランダには貿易を認めたのか。

A (例)オランダは布教活動を行わなかったから。

鎖国下の4つの窓口

最重要年代 暗記

参勤の 大名行列 色みごと
1 6 3 5

1635年，3代将軍徳川家光は武家諸法度を改定し，参勤交代を制度化する。

☑ チェックテスト

 解答

□❶ 1600年におこった「天下分け目の戦い」といわれる戦乱を何というか。

❶ 関ヶ原の戦い

□❷ 江戸幕府を開いたのはだれか。

❷ 徳川家康

□❸ ❶の戦いのころに徳川氏に従った大名を何というか。

❸ 外様大名

□❹ 江戸幕府のしくみを表した右の図中A～Cにあてはまる役職を答えよ。

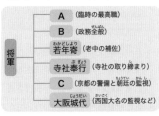

将軍	A （臨時の最高職）
	B （政務全般）
	若年寄 （老中の補佐）
	寺社奉行 （寺社の取り締まり）
	C （京都の警備と朝廷の監視）
	大阪城代 （西国大名の監視など）

❹ A大 老
　 B老 中
　 C京都所司代

□❺ 1615年に幕府が定めた右の内容の法令を何というか。

一，　幕府の許可なしに，婚姻を結んではならない。
（一部要約）

❺ 武家諸法度

□❻ 1635年に❺の法令に追加された，大名が領地と江戸を1年おきに往復する制度を何というか。

❻ 参勤交代

□❼ ❻の制度を追加した将軍はだれか。

❼ 徳川家光

□❽ 年貢納入と犯罪防止のためにつくられた制度は何か。

❽ 五人組

□❾ 江戸時代初期に，商人たちが幕府の許可のもと，東南アジアなどに出向いて行った貿易を何というか。

❾ 朱印船貿易

□❿ 1637年に九州地方でおこった大規模な一揆は何か。

❿ 島原・天草一揆

□⓫ ❿の一揆がおこった原因を簡潔に答えよ。

⓫ （例）キリシタン（キリスト教徒）への弾圧と厳しい年貢の取り立て。

□⓬ 江戸幕府の禁教，貿易統制政策を何というか。

⓬ 鎖 国

□⓭ 禁教政策の下，長崎では，キリスト教徒を発見するために（　　）が行われた。

⓭ 絵 踏

□⓮ 江戸幕府は長崎でどこの国の商人と貿易を行ったか。2か国答えよ。

⓮ オランダ・中国

□⓯ 朝鮮との国交回復に努め，幕府から朝鮮との貿易を許された藩はどこか。

⓯ 対馬藩

□⓰ 1669年に松前藩と戦ったアイヌ民族の首長はだれか。

⓰ シャクシャイン

part 1 京都までの日本
part 2 中世の日本
part 3 近世の日本
part 4 近代日本の歩みと国際関係
part 5 2つの世界大戦と日本
part 6 現代の日本と世界

13. 産業の発達と元禄文化

📎 年表・図解チェック

年号も覚えねば！

時代	中国	年代	おもなできごと・文化
江戸時代	清	1671	東廻り航路が開かれる
		1672	西廻り航路が開かれる
		1680	徳川綱吉が5代将軍になる
		1685	生類憐みの令が出される
		1688	井原西鶴の『日本永代蔵』が刊行される
		1689	松尾芭蕉が奥の細道の旅に出る
		1696	宮崎安貞の『農業全書』が刊行される
		1703	近松門左衛門作の『曽根崎心中』が初演される
		1709	新井白石の政治(正徳の治)が始まる(〜16)
		1715	長崎新令が出される

元禄文化
- 井原西鶴
- 松尾芭蕉
- 近松門左衛門

1 産業の発達 ★

❶ 農業…**新田開発**が行われ，農具の改良，**干鰯**や**油かす**などの肥料の使用で生産力が上がる。各地で綿や菜種などの**商品作物**が栽培される。

新しい農具

備中ぐわ 深く耕す道具

千歯こき 脱穀に使用

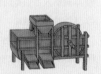

唐箕 もみと米の選別に使用

❷ 漁業…**九十九里浜**(千葉県)のいわし漁→干鰯に加工。

❸ 鉱業…**佐渡**(新潟県)の金山，**石見**(島根県)や**生野**(兵庫県)の銀山開発→東日本は金，西日本は銀の貨幣がおもに流通する。

2 交通の発達 ★★

❶ 陸上交通…大名の参勤交代のために，東海道などの**五街道**と脇街道を整備。交通の要所に**関所**を置く。街道には宿場が置かれ，**宿場町**が発達。文書や小荷物を受けもつ**飛脚**による輸送も発達する。

江戸時代の交通網
— 五街道
— 脇街道
--- おもな航路
- 関所
● おもな城下町・宿場町
● おもな港町
幕府直轄地

松前　函館

中山道
西廻り航路
輪島
東廻り航路

府中　　浜田　鳥取　　能代　秋田　盛岡
平戸　下関　萩　　小浜　敦賀　金沢　　酒田
長崎　博多　佐賀　広島　岡山　姫路　福井　　新潟　仙台　石巻
　　　　　　　　彦根　　高崎　日光　白河
　　　　　　　京都　　　宇都宮　奥州道中　日光道中
鹿児島　　　　和歌山　津　名古屋　甲府　江戸　水戸　銚子
　　　　　奈良　　　　　　　小田原
　　　　田　桑名　　　甲州道中
　　　　　　新宮　南海路
　　　　　　　　　東海道

② 水上交通…河村瑞賢により東廻り・西廻り航路が開かれる。年貢米や各地の**特産物**，手工業製品など，おもに貨物輸送に利用される。

Check!

- 東廻り航路…東北→日本海→**津軽海峡**→太平洋→**江戸**｜
- 西廻り航路…東北→日本海→**関門海峡**→瀬戸内海→**大阪**｜年貢米や特産物を運搬
- 南海路…江戸-大阪間。**菱垣廻船・樽廻船**が木綿や油，酒を運搬。

室町時代の関所	くらべる	江戸時代の関所
幕府や荘園領主，寺社などが独自に設置。通行料を徴収する。	⇔	幕府や藩が治安維持のために設置。江戸に入る武器，江戸から出る女性を厳重に調べる。

③ **二都の繁栄** ★★

❶ 江戸…人口約100万人の城下町。「将軍のおひざもと」と呼ばれる。

❷ 大阪…全国の商業の中心地。「**天下の台所**」と呼ばれる。諸藩が年貢や特産物を販売するための**蔵屋敷**を置く。

▲蔵屋敷

❸ 京都…学問や文化の中心地。西陣織や清水焼などの工芸品の生産。

④ 商業の発達…江戸の三井，大阪の鴻池などの有力商人が現れる。

● 株仲間…商人が結成する同業者組合。幕府や藩に税を納めて，営業を独占する権利を得る。

● 両替商…江戸（金が流通）と大阪（銀が流通）の商取引の際の両替や金貸しを行う。有力な商人は大名にも貸し付けを行う。

④ 文治政治への転換 ★

① 徳川綱吉の政治…武力でおさえる武断政治から，身分秩序を重視する**朱子学**を重んじる**文治政治**へと転換を図る。極端な動物愛護の法令である**生類憐みの令**によって「犬公方」と呼ばれる。貨幣の金の含有量を減らすことで財政難を乗り切ろうとするが，物価の上昇を招く。

② 新井白石の政治…正徳の治。財政再建を目ざし，朝鮮通信使の待遇を簡素化する。貨幣の質を元に戻し，**長崎新令**を出して貿易を制限する。

⑤ 元禄文化 ★★★

① 特色…上方（京都・大阪）を中心に，豊かな町人を担い手とする文化。

② 文学…町人の日常を描いた浮世草子や，俳諧がつくられる。

● 浮世草子（小説）…井原西鶴が町人の姿を描く。『日本永代蔵』。

● 人形浄瑠璃の脚本…近松門左衛門が実際の事件をもとに書いた脚本が人気を集める。『曽根崎心中』。

● 俳諧…松尾芭蕉が芸術性の高い作風を確立する。『奥の細道』。

③ 舞台芸能…人形浄瑠璃や歌舞伎。

④ 芸術…町人の風俗を描いた浮世絵の制作。

● 装飾画…俵屋宗達「風神雷神図屏風」
尾形光琳「燕子花図屏風」

● 浮世絵…菱川師宣「見返り美人図」

▲「八橋蒔絵螺鈿硯箱」（尾形光琳）

☑ チェックテスト

解答

□❶ 右のA・Bの農具をそれぞれ何というか。

A　　　　　　B

□❷ Aの農具はどのような農作業のときに用いるものか。

□❸ 江戸時代に新たに登場した肥料としてどのようなものがあるか，2つ答えよ。

□❹ このころ，世界最大規模の銀の産出量を誇った島根県の銀山を何というか。

□❺ 江戸と京都を結ぶ街道を2つ答えよ。

□❻ 江戸―大阪間を定期的に行き来した船を2つ答えよ。

□❼ 東北や北陸地方の年貢米を大阪に運送するために，河村瑞賢が開いた航路を何というか。

□❽ 諸藩が年貢米や特産物を換金するために，おもに大阪に置いた倉庫を備えた邸宅を何というか。

□❾ 大阪は商業の中心地であることから何と呼ばれたか。

□❿ 幕府の許可を得て営業を独占した，江戸時代の同業者組合を何というか。

□⓫ 金銀の交換や金貸しを行う金融業者を何というか。

記述 □⓬ 金銀の交換が必要だったのはなぜか。

□⓭ 生類憐みの令を出した将軍はだれか。

□⓮ 正徳の治と呼ばれる政治を行った儒学者はだれか。

□⓯ ⓭の治世に，上方を中心に栄えた文化を何というか。

□⓰ 『日本永代蔵』などの浮世草子を書いたのはだれか。

□⓱ 『曽根崎心中』などの人形浄瑠璃の脚本で人気を集めたのはだれか。

□⓲ 次の俳諧を詠んだのはだれか。
　　荒海や　佐渡によこたふ　天河

□⓳ 俵屋宗達の装飾画の代表作は何か。

□⓴ 右の浮世絵を描いたのはだれか。

❶ A千歯こき
　 B備中ぐわ

❷ 脱穀

❸ 干鰯・油かす

❹ 石見銀山

❺ 東海道・中山道

❻ 菱垣廻船・樽廻船

❼ 西廻り航路

❽ 蔵屋敷

❾ 天下の台所

❿ 株仲間

⓫ 両替商

⓬ (例)東日本は金，西日本は銀の貨幣がおもに流通していたから。

⓭ 徳川綱吉

⓮ 新井白石

⓯ 元禄文化

⓰ 井原西鶴

⓱ 近松門左衛門

⓲ 松尾芭蕉

⓳ 「風神雷神図屏風」

⓴ 菱川師宣

part 1 古代までの日本

part 2 中世の日本

part 3 近世の日本

part 4 近代日本の歩みと国際関係

part 5 二つの世界大戦と日本

part 6 現代の日本と世界

14. 幕府政治の移り変わり

年号も
覚えねば！

📎 年表・図解チェック

時代	中国	年代	おもなできごと・文化
江戸時代	清	1716	8代将軍徳川吉宗が享保の改革を始める(～45)
		1742	公事方御定書が制定される
		1772	田沼意次が老中になる
		1782	天明のききん(～87)
		1787	老中松平定信が寛政の改革を始める(～93)
		1825	異国船打払令が出される
		1837	大阪で大塩の乱がおこる
		1841	老中水野忠邦が天保の改革を始める(～43)

化政文化

● 風景画
(葛飾北斎・歌川広重)

● 美人画
(喜多川歌麿)

① 工業の発達と民衆の動き ★★

❶ 工業…18世紀に**問屋制家内工業**(原料や道具を農家に貸し，製品を買い取る)→19世紀に**工場制手工業**(工場に労働者を集め，分業で生産)が発達。

❷ 民衆の要求…貧富の差が拡大。ききんが頻発し，暴動が増加する。

Check!
- **百姓一揆**→農村で百姓がおこす。年貢の減免や役人の交代を要求。
- **打ちこわし**→都市で貧民がおこす。米の買い占めを行う商人への暴動。

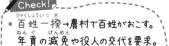

▲からかさ連判状
(二日町村傘連判状)

一揆の首謀者をわからなくするために円形に署名したよ。

② 幕府の政治改革 ★★★

❶ 享保の改革…8代将軍**徳川吉宗**による改革。一時的に財政は立ち直る。

● **質素・倹約**，新田開発，出来高に関係なく年貢をとる。
● **上げ米の制**…参勤交代を軽減し，米を差し出させる。
● **公事方御定書**…裁判の基準を定める。
● **目安箱**の設置…庶民の意見を聞き，町火消などを実現。
● **漢訳洋書の輸入**，甘藷(さつまいも)の栽培奨励。

▲徳川吉宗

❷ 田沼の政治…老中**田沼意次**による改革。

● **株仲間の奨励**…営業の独占を認め，税を納めさせる。

● **長崎貿易の活発化**…銅の専売制，**俵物**の輸出を拡大。

● **印旛沼(千葉県)**の干拓や蝦夷地の開拓。

→わいろの横行と**天明のききん**によって失脚。

▲田沼意次

❸ **寛政の改革**…老中**松平定信**による改革。

● **囲米**…ききんに備えて米を蓄えさせる。

● **棄捐令**…旗本や御家人の借金を帳消しにする。

● **寛政異学の禁**…昌平坂学問所では朱子学以外を禁止。

→厳しい改革が反発を買い，失脚。

▲松平定信

❹ **天保の改革**…老中**水野忠邦**による改革。

● **株仲間の解散**…物価の上昇をおさえるため。

● **人返しの法**…出かせぎ農民を江戸から村へ帰らせる。

● **上知令**…江戸・大阪周辺の土地を幕領にしようとする。

→厳しすぎる政策と上知令への大名の反発で失脚。

▲水野忠邦

知っておきたい

享保・寛政・天保の三大改革は質素・倹約が基本方針で農業重視，田沼の政治は商人の経済力重視。

③ 外国船の出現 ★★

18世紀末以降，日本の沿岸にロシアやイギリス・アメリカの船が現れ，通商や開国を要求する。

1792年　ロシア使節 **ラクスマン** 来航

1808年　イギリス船 **フェートン号侵入**

1853年　ロシア使節 **プチャーチン来航**

1837年　アメリカ船 **モリソン号来航**

1804年　ロシア使節 **レザノフ来航**

1853年　アメリカ使節 **ペリー** 来航

❶ 幕府の対応…**間宮林蔵**に蝦夷地・樺太の調査をさせ，蝦夷地を幕領とし，ロシアの南下に備える。1825 年，**異国船打払令**を出す。
❷ 蛮社の獄…モリソン号事件を批判した**高野長英・渡辺崋山**を処罰する。
❸ 天保の薪水給与令…**アヘン戦争**での清の敗北を知り，異国船打払令の方針を転換。寄港する外国船に薪や水を与えるよう命じる。

④ 新しい学問 ★★

❶ 学問…日本古来の精神に学ぶ**国学**や，西洋の学問を研究する**蘭学**。

> 丸暗記
> ●国学…**本居宣長**が『**古事記伝**』を著す。尊王攘夷運動に影響。
> ●蘭学…徳川吉宗が漢訳された洋書の輸入を認めたことで発達。
> **杉田玄白**らがオランダの医学書を翻訳し，『**解体新書**』を出版。
> **伊能忠敬**が測量学を学び，正確な日本地図を作成。

❷ 教育…藩の人材育成のための**藩校**，さまざまな学問を学ぶ私塾が各地に開かれる。庶民は「読み・書き・そろばん」を**寺子屋**で学ぶ。

⑤ 化政文化 ★★

❶ 特色…江戸を中心とした，庶民を担い手とする文化。
❷ 文学…社会を風刺する川柳・狂歌。十返舎一九の『**東海道中膝栗毛**』や曲亭(滝沢)馬琴の『**南総里見八犬伝**』などの長編小説が人気を集める。
❸ 浮世絵…**多色刷りの錦絵**が安価に流通。ヨーロッパの絵画にも影響。

> 丸暗記
> ●風景画…**葛飾北斎**「富嶽三十六景」，**歌川広重**「東海道五十三次」
> ●美人画…**喜多川歌麿**「ポッピンを吹く女」
> ●役者絵…**東洲斎写楽**

◀東洲斎写楽の役者絵

◀葛飾北斎の風景画

◀歌川広重の風景画

最重要年代
暗記

大塩を **人は皆** で 応援し
　　　　1　8　37

1837 年，元幕府の役人である大塩平八郎が幕領の大阪で挙兵し，幕府に衝撃を与える。

世直しだ
大塩様
頑張って!

☑ チェックテスト

解答

□❶ 原料や道具を農家に貸し，できた製品を安く買い取る生産方式を何というか。

□❷ 農民が年貢の減免や不正な代官の交代などを要求しておこす集団行動を何というか。

□❸ 米を買い占めた商人に対しておこった都市での暴動を何というか。

□❹ 享保の改革を行った将軍はだれか。

□❺ 享保の改革で制定された，裁判を公正に行うための法令を何というか。

□❻ 享保の改革で実施された，参勤交代を軽減するかわりに一定の米を納めさせる制度を何というか。

□❼ 株仲間の結成を奨励した老中はだれか。

□❽ 老中松平定信が行った改革を何というか。

□❾ ❽において，幕府の学校で学ぶことを許された唯一の学問は何か。

□❿ ❽の改革のころ，通商を求めて根室に来航したロシア使節はだれか。

□⓫ 1825 年に出された，オランダ・中国以外の外国船への砲撃を命じた法令を何というか。

□⓬ 1837 年に大阪で乱をおこした元幕府の役人はだれか。

□⓭ 天保の改革を行った老中はだれか。

□⓮ 天保の改革で，⓫の法令を緩める天保の薪水給与令を出したのはなぜか。その理由を簡潔に答えよ。

□⓯ 杉田玄白らがオランダの医学書を翻訳した右の書物を何というか。

□⓰ 尊王攘夷運動に影響を与えた学問を何というか。

□⓱ 『古事記伝』を著し，⓰の学問を大成したのはだれか。

□⓲ 「東海道五十三次」を描いた浮世絵師はだれか。

❶ 問屋制家内工業

❷ 百姓一揆

❸ 打ちこわし

❹ 徳川吉宗

❺ 公事方御定書

❻ 上げ米の制

❼ 田沼意次

❽ 寛政の改革

❾ 朱子学

❿ ラクスマン

⓫ 異国船打払令

⓬ 大塩平八郎

⓭ 水野忠邦

⓮ (例)アヘン戦争で中国がイギリスに敗北したことを知り，脅威を感じたから。

⓯ 『解体新書』

⓰ 国　学

⓱ 本居宣長

⓲ 歌川広重

part 1 近世への日本
part 2 中世の日本 TOKYO
part 3 近世の日本
part 4 近代国家の歩みと国際関係
part 5 二つの世界大戦と日本
part 6 現代の日本と世界 TOKYO

📝 まとめテスト

_____ 月　日

□❶ 1492年に西インド諸島に到達した人物と彼を支援した国を答えよ。

□❷ 1498年にインドに到達した人物と彼が属した国を答えよ。

□❸ 16世紀、ドイツで宗教改革を始めたのはだれか。

□❹ 16世紀に関する次の空欄A～Eの語句を答えよ。

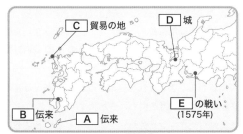

□❺ 上の地図中Dを天下統一の本拠地としたのはだれか。

□❻ 1590年に天下統一を実現したのはだれか。

□❼ ❻の人物が刀狩令を出したおもな目的を答えよ。

□❽ ❻の人物に仕え、わび茶の作法を大成したのはだれか。

□❾ 関ヶ原の戦い以前からの徳川氏の家臣であった大名を何というか。

□❿ 江戸幕府が定めた、大名を統制する法令を何というか。

□⓫ 1635年、参勤交代の制度を❿に追加したのはだれか。

□⓬ 江戸初期に朱印船が貿易に出向いた地域はどこか。

□⓭ 次のできごとをおこった順に並べかえよ。

　㋐ ポルトガル船の来航禁止
　㋑ 日本人の海外渡航と帰国の禁止
　㋒ 島原・天草一揆
　㋓ スペイン船の来航禁止

□⓮ 1641年、オランダ商館は長崎のどこに移されたか。

□⓯ 次の国や地域との交易を許された藩を答えよ。
　①朝鮮　②琉球王国　③蝦夷地

解答

❶ コロンブス, スペイン
❷ バスコ=ダ=ガマ, ポルトガル
❸ ルター
❹ A鉄砲　Bキリスト教　C南蛮　D安土　E長篠
❺ 織田信長
❻ 豊臣秀吉
❼ (例)一揆を防止するため。
❽ 千利休
❾ 譜代大名
❿ 武家諸法度
⓫ 徳川家光
⓬ 東南アジア
⓭ エ→イ→ウ→ア
⓮ 出島
⓯ ①対馬藩　②薩摩藩　③松前藩

part 1 古墳の日本

part 2 中世の日本

part 3 近世の日本

part 4 近代日本の歩みと国際関係

part 5 二つの世界大戦と日本

part 6 現代の日本と世界

□⑯ 諸藩が年貢米や特産物を換金するためにおもに大阪に置いた施設を何というか。

□⑰ 江戸時代の同業者組合を何というか。

□⑱ ⑰について，①奨励した人物，②解散を命じた人物をそれぞれ答えよ。

□⑲ 5代将軍徳川綱吉が重視した学問は，儒学の中でも特に何という学問か。

□⑳ 8代将軍徳川吉宗が行った政治改革を何というか。

□㉑ ⑳の改革で制定された裁判や刑の基準を何というか。

□㉒ ⑳の改革でキリスト教に関係のない漢訳洋書の輸入制限を緩めたことで発達した学問を何というか。

記述 □㉓ 右の写真は百姓一揆の参加者による連判状である。なぜ円形に署名しているのか，理由を簡潔に答えよ。

（二日町村傘連判状）

□㉔ ききんなどの際，都市で貧しい人々が米屋などを襲う集団行動を何というか。

□㉕ 寛政の改革を行った人物とその役職を答えよ。

記述 □㉖ 1837年に大阪でおこった大塩の乱が幕府に大きな衝撃を与えた理由を簡潔に答えよ。

□㉗ 江戸前期，上方を中心に栄えた町人文化を何というか。

□㉘ ㉗の文化で，近松門左衛門の脚本で人気を集めた舞台芸能は何か。

□㉙ 俳諧（俳句）を芸術の域に高めた俳人はだれか。

□㉚ 江戸後期，江戸を中心に栄えた庶民文化を何というか。

□㉛ 江戸後期に全国を測量して正確な地図をつくったのはだれか。

□㉜ 右の絵のような木版画を何というか。

□㉝ 右の木版画を描いた絵師はだれか。

⑯ 蔵屋敷

⑰ 株仲間

⑱ ①田沼意次
　②水野忠邦

⑲ 朱子学

⑳ 享保の改革

㉑ 公事方御定書

㉒ 蘭学

㉓ （例）一揆の首謀者を特定できないようにするため。

㉔ 打ちこわし

㉕ 松平定信，老中

㉖ （例）元幕府の役人が幕領でおこした乱だったから。

㉗ 元禄文化

㉘ 人形浄瑠璃

㉙ 松尾芭蕉

㉚ 化政文化

㉛ 伊能忠敬

㉜ 浮世絵（錦絵）

㉝ 葛飾北斎

📖 近代～現代の流れ

時代	年代	日本のおもなできごと
江戸	一八五三	ペリーが浦賀へ来航する
	一八五八	日米修好通商条約が結ばれる
	一八六七	大政奉還、王政復古の大号令が出される
明治	一八六八	五箇条の御誓文が出される
	一八七一	廃藩置県が行われる
	一八七三	徴兵令の公布、地租改正の実施
	一八七四	民撰議院設立の建白書が提出される
	一八八五	内閣制度ができる
	一八八九	大日本帝国憲法が発布される
	一八九四	日清戦争が始まる(～九五)
	一九〇四	日露戦争が始まる(～〇五)
	一九一〇	韓国を併合する
大正	一九一四	第一次世界大戦に参戦する
	一九一八	米騒動、シベリア出兵(～二二)
	一九二三	関東大震災がおこる
	一九二五	治安維持法、普通選挙法が制定される
昭和	一九三一	満州事変がおこる
	一九三二	五・一五事件がおこる
	一九三六	二・二六事件がおこる

年代	世界のおもなできごと
一八五一	太平天国の乱がおこる(～六四)
一八五七	インド大反乱がおこる(～五九)
一八六一	アメリカで南北戦争がおこる(～六五)
一八七一	ドイツ帝国が成立する
一八九四	朝鮮で甲午農民戦争がおこる
一九〇〇	清で義和団事件がおこる
一九一二	中華民国が成立する
一九一四	第一次世界大戦がおこる(～一八)
一九一七	ロシア革命がおこる
一九一九	三・一独立運動、五・四運動
	ベルサイユ条約が結ばれる
一九二〇	国際連盟が発足する
一九二九	世界恐慌がおこる

中国	清	中華民国

朝鮮	朝鮮	大韓帝国	(日本領)

日本のできごとが
おこったころの
世界の動きもおさえよう。

昭和	平成	令和

一九三七　日中戦争が始まる（〜四五）
一九三八　国家総動員法が制定される
一九四〇　日独伊三国同盟が結ばれる
一九四一　太平洋戦争が始まる（〜四五）
一九四五　沖縄戦、広島・長崎へ原子爆弾投下
　　　　　ポツダム宣言の受諾・降伏
一九四六　日本国憲法が公布される（翌年施行）
一九五一　サンフランシスコ平和条約が結ばれる
　　　　　日米安全保障条約が結ばれる
一九五六　日ソ国交回復、日本の国連加盟
一九六五　日韓基本条約が結ばれる
一九七二　沖縄の日本復帰、日中国交正常化
一九七三　石油危機（オイル・ショック）がおこる
一九七八　日中平和友好条約が結ばれる
一九九二　国連平和維持活動協力法（PKO協力法）の成立
一九九五　阪神・淡路大震災がおこる
二〇〇八　世界金融危機がおこる
二〇一一　東日本大震災がおこる
二〇二〇　新型コロナウイルス感染症が流行する

一九三九　第二次世界大戦が始まる（〜四五）
一九四五　国際連合が発足する
一九四九　中華人民共和国が成立する
一九五〇　朝鮮戦争が始まる（〜五三）
一九五五　アジア・アフリカ会議
一九六〇　アフリカの年
一九六二　キューバ危機がおこる
一九六五　ベトナム戦争が激化する（〜七五）
一九七三　第四次中東戦争がおこる
一九八九　ベルリンの壁が崩壊する
　　　　　マルタ会談（冷戦の終結）
一九九〇　東西ドイツが統一される
一九九一　湾岸戦争、ソ連の解体
一九九三　ヨーロッパ連合（EU）が発足する
二〇〇一　アメリカで同時多発テロがおこる
二〇〇三　イラク戦争がおこる
二〇二〇　イギリスがEUから離脱する

中華民国	中華人民共和国（台湾）
（日本領）	朝鮮民主主義人民共和国／大韓民国

15. 欧米の発展とアジア侵略

年表・図解チェック

年号も覚えねば！

時代	中国	年代	おもなできごと
江戸時代	明	1642	ピューリタン革命が始まる(～49)(イギリス)
		1661	ルイ14世の絶対王政が始まる(～1715)(フランス)
		1688	名誉革命が始まる(イギリス)
		1689	権利(の)章典が出される(イギリス)
		1765	ワットが蒸気機関を改良する(～69)(イギリス)
		1775	アメリカ独立戦争が始まる→翌76年, 独立宣言
		1789	フランス革命が始まる→人権宣言
	清	1804	ナポレオンが皇帝になる(フランス)
		1840	アヘン戦争が始まる(イギリス vs 清)
		1851	太平天国の乱がおこる(～64)(清)
		1853	クリミア戦争がおこる(～56)
		1857	インド大反乱がおこる(～59)
		1861	南北戦争が始まる(～65)(アメリカ)
		1863	リンカンの奴隷解放宣言

リンカンが演説で述べた「人民の,人民による,人民のための政治」のことばは有名だよ。

① 絶対王政から市民革命へ ★

❶ 絶対王政…16世紀以降, ヨーロッパでは, 国王が軍隊と官僚を支配して政治を行う。イギリスの**エリザベス1世**, フランスの**ルイ14世**が代表的。国王は, 王の地位は神から授けられたとする**王権神授説**を説く。

❷ 市民の台頭…商業活動により力を伸ばしてきた市民が政治への参加を要求し, 国王に対抗する→**市民革命**の始まり。

▲革命前のフランスを風刺した絵

知っておきたい

・イギリスはエリザベス1世のときに, スペインの無敵艦隊を破り, 絶対王政の最盛期を迎えた。
・フランスのルイ14世はベルサイユ宮殿を建てた。

得点 UP!
● 市民革命の内容と発表された宣言などを整理しよう。
● アヘン戦争，南北戦争がおこった原因を理解しよう。

part 1 ⛩ 古代までの日本
part 2 🏯 中世の日本
part 3 🏛 近世の日本
part 4 🚂 近代日本の歩みと国際関係
part 5 ✈ 二つの世界大戦と日本
part 6 🏅 TOKYO 現代の日本と世界

② 市民革命 ★★★

市民革命	内容
ピューリタン革命	クロムウェルを中心とする議会派が国王を倒す。
名誉革命	議会を無視する国王を追放。オランダから新国王を迎え，権利(の)章典を認めさせる。
アメリカ独立戦争	イギリスから13州が独立。1776年独立宣言を発表→1787年合衆国憲法を制定。初代大統領にワシントンが就任。
フランス革命	バスチーユ牢獄の襲撃がきっかけ。自由・平等，国民主権などを説く人権宣言が出される→国王は処刑。

権利(の)章典 第1条 議会の同意なしに，国王の権限で法律の効力を停止することは違法である。 (一部要約)

独立宣言 我々は…真理であると信じる。人間はみな平等に創られ…権利を神によって与えられている。 (一部要約)

人権宣言 第1条 人は生まれながらに自由で平等な権利をもつ。 (一部要約)

③ 革命を支える啓蒙思想家 ★★★

丸暗記

● ロック…『統治二論』で社会契約説と抵抗権を主張。
● モンテスキュー…『法の精神』で権力を立法・司法・行政の3つに分ける三権分立を主張。
● ルソー…『社会契約論』で人民主権を主張。

④ 産業革命 ★

❶ 経過…イギリスの綿工業から始まる。ワットの蒸気機関の改良により大きく発展。

産業革命で急成長したイギリスは「世界の工場」と呼ばれたよ。🐌

❷ 結果…資本主義の確立→資本家と労働者の対立。
社会主義思想の発生→マルクスが『資本論』を著す。

⑤ 南北戦争の背景 ★★

Check!

	北部	南部
中心産業	商工業	農業
貿易	保護貿易	自由貿易
奴隷制	反対	賛成

テストで注意

Q 1863年に奴隷解放宣言を発表したアメリカ大統領はだれか。
↓
A リンカン

⑥ ヨーロッパのアジア侵略（しんりゃく）★

❶ 中国(清〔しん〕)

- 清との貿易赤字を解消したいイギリス→清・インドと**三角貿易**を行う。

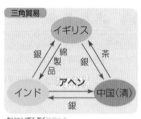

三角貿易

- 中国は，三角貿易で密輸されるアヘンを取り締〔し〕まる→イギリスとの間に**アヘン戦争**→清にとって不平等な講和条約(**南京条約**〔ナンキン〕)を結ぶ。
- 不満をもった中国の民衆→洪秀全〔こうしゅうぜん〕率いる**太平天国の乱**〔たいへいてんごく〕がおこる。（ホンシウチュワン）

❷ インド，東南アジアの植民地化

- **イギリス…インド大反乱**をしずめてインド帝国を成立させ，植民地支配の拠点〔きょてん〕とする。マレー半島やビルマも支配する。

- **フランス…インドシナ半島に進出→フランス領インドシナ連邦〔れんぽう〕を形成。

- **オランダ…インドネシアを支配下に置く→オランダ領東インドを形成。

欧米列強のアジア進出
(19世紀後半)

→ 各国が進出した方向
■ イギリス領
■ フランス領
■ オランダ領
■ スペイン領

知っておきたい

産業革命により欧米〔おうべい〕諸国は，原料供給地と製品の販売〔はんばい〕市場となる植民地を求めてアジアへ進出する。

最重要年代暗記

パリ市民〔しみん〕 **非難爆**〔ひ なんばく〕発〔はつ〕 バスチーユ
 1　7　89

絶対王政に不満をもつパリ民衆が，1789年にバスチーユ牢獄〔ろうごく〕を襲撃〔しゅうげき〕しフランス革命が始まる。

☑ チェックテスト

□❶ スペインの無敵艦隊を破り，東インド会社を設立するなどした，イギリスの絶対王政期の国王はだれか。

❶ エリザベス1世

□❷ 1643 年から約 70 年間王位に就き，ベルサイユ宮殿を建てた，フランスの絶対王政期の国王はだれか。

❷ ルイ 14 世

□❸ ピューリタン革命の議会派の中心人物はだれか。

❸ クロムウェル

□❹ 1688 年にイギリスでおこった革命を何というか。

❹ 名誉革命

□❺ ❹の後に出された，議会の権利を認めた文書は何か。

❺ 権利(の)章典

□❻ フランス革命が始まるきっかけとなったできごとは何か。

❻ バスチーユ牢獄の襲撃

記述 □❼ 右の絵(フランス革命前のフランスを風刺した絵)で，石(税)の下には平民が，上には僧と貴族が乗っている。当時のようすを，「税」「平民」「僧」「貴族」の語句を使って説明せよ。

❼ (例)平民が支払った税で，僧や貴族が生活をしている。

□❽ 抵抗権を主張し，アメリカ独立宣言に影響を与えたのはだれか。

❽ ロック

□❾ 『法の精神』で三権分立を主張したのはだれか。

❾ モンテスキュー

□❿ 『社会契約論』で人民主権を説いたのはだれか。

❿ ルソー

□⓫ フランス革命の終わりを宣言し，1804 年に皇帝となった右の人物はだれか。

⓫ ナポレオン

□⓬ 1840 年にイギリスと清との間でおこった戦争は何か。

⓬ アヘン戦争

□⓭ ⓬の結果，1842 年に結ばれた条約を何というか。

⓭ 南京条約

□⓮ 洪秀全が民衆の支持を得ておこした反乱は何か。

⓮ 太平天国の乱

□⓯ インド大反乱後，インドを支配した国はどこか。

⓯ イギリス

□⓰ アメリカ 16 代大統領で，「人民の，人民による，人民のための政治」を説く演説を行ったのはだれか。

⓰ リンカン

part 1 古代までの日本
part 2 中世の日本
part 3 近世の日本
part 4 近代日本の歩みと国際関係
part 5 二つの世界大戦と日本
part 6 現代の日本と世界

月　日

16. 開国と江戸幕府の滅亡

年表・図解チェック

年号も覚えねば！

時代	中国	年代	おもなできごと
江戸時代	清	1853	東インド艦隊司令長官ペリーが浦賀に来航する
		1854	日米和親条約が結ばれる
		1858	日米修好通商条約が結ばれる 安政の大獄がおこる(～59)
		1860	桜田門外の変がおこる
		1862	生麦事件がおこる
		1863	薩英戦争がおこる
		1864	長州征伐(第一次)が行われる
			四国艦隊が下関を砲撃する
		1866	薩長同盟が結ばれる
		1867	大政奉還が行われる
			王政復古の大号令が出される
		1868	戊辰戦争が始まる(～69)

開港地

- 函館(両方の条約で開港)
- 新潟
- 長崎
- 下田
- 兵庫(神戸)
- 神奈川(横浜)

- 日米和親条約で開港した港
- 日米修好通商条約で開港した港

※日米修好通商条約の締結により下田は閉鎖。

① 日米和親条約と日米修好通商条約 ★★★

アメリカ大統領の国書をもったペリーが浦賀に来航し, 開国を要求する。

丸暗記

	日米和親条約(1854年)	日米修好通商条約(1858年)
締結の中心人物	ペリー	ハリス(総領事) 井伊直弼(大老)
開港地	下田(静岡)・函館	函館・神奈川(横浜)・新潟・兵庫(神戸)・長崎
内容	・貿易規定なし。 ・日本が食料・水・燃料などを提供する。	**不平等条約** ・日本に 関税自主権 なし。 ・アメリカに 領事裁判権 (治外法権)を認める。
ほかの締結国など	神奈川条約ともいう。のちに, イギリス・ロシア・オランダとも結ぶ。	のちにイギリス・フランス・ロシア・オランダとも結ぶ(安政の五か国条約)。

得点 **UP!**
● ペリー来航から王政復古の大号令までの順序を理解しよう。
● 井伊直弼, 大政奉還, 徳川慶喜など漢字表記に注意しよう。

② 開港とその影響 ★★

丸暗記

❶ 尊王攘夷運動…天皇を尊ぶ**尊王論**と外国を排除する**攘夷論**が結びつく→大老の**井伊直弼**が運動を弾圧(安政の大獄)。

❷ 貿易…輸入品は毛織物・綿織物・武器など, 輸出品は生糸・茶など。最大の貿易港は**横浜**, 貿易相手国は**イギリス**。

知っておきたい
アメリカは1861~65年まで**南北戦争**中であったため, アジアへの進出が止まっていた。

③ 攘夷から倒幕へ ★★

❶ 幕府の動き…**桜田門外の変**で井伊直弼が暗殺される→幕府の権威が失墜→朝廷と結びつく**公武合体策**で立て直しを図る。

❷ 攘夷派の動き…薩摩藩と長州藩は, 薩英戦争や四国艦隊下関砲撃事件などで攘夷が不可能であると悟り, 藩論を倒幕へと進めていく。
● 薩摩藩…生麦事件の報復でイギリスから攻撃を受ける(**薩英戦争**)。
● 長州藩…関門海峡で外国船を砲撃→四国艦隊に下関砲台を占領される(**四国艦隊下関砲撃事件**)。

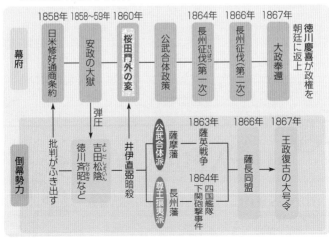

④ 江戸幕府の滅亡 ★★

❶ 坂本龍馬らの仲介で薩摩藩と長州藩が**薩長同盟**を結ぶ→倒幕運動が活発化。

❷ 徳川慶喜による**大政奉還**→西郷隆盛らの働きかけで，**王政復古の大号令**（天皇中心の政治に戻すことを宣言）が出される。

❸ 慶喜の処遇をめぐり，旧幕府側が新政府に反発→**戊辰戦争**に発展。

テストで注意

Q 徳川慶喜が行った大政奉還とはどのようなことか。
↓
A （例）政権を朝廷へ返すこと。

薩長同盟と大政奉還

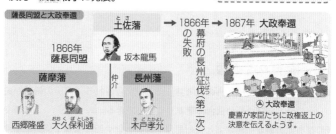

土佐藩

1866年 薩長同盟　坂本龍馬

薩摩藩　西郷隆盛　大久保利通

仲介

長州藩　木戸孝允

→ 1866年 幕府の長州征伐（第二次）の失敗 → 1867年 大政奉還

◆ 大政奉還
慶喜が家臣たちに政権返上の決意を伝えるようす。

戊辰戦争

— 新政府軍の進路　— 榎本武揚らの退路
— 徳川慶喜らの退路　▨ おもな奥羽越列藩同盟

❸ 会津の戦い(1868年8〜9月)
庄内
新潟　盛岡
高田　米沢
京都　長岡　米沢　仙台
大阪　若松　白石　❹ 五稜郭の戦い(1869年5月)
会津　松前　函館　青森
駿府　甲府　高崎　白河
❶ 鳥羽・伏見の戦い(1868年1月)
江戸　❷ 江戸城の明けわたし(1868年4月)

最重要年代暗記

慶喜は **一人やむなく** 大政奉還
　　　　1 8 6 7

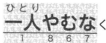

1867年の大政奉還により，約260年間続いた江戸幕府が終わる。

☑ チェックテスト

解答

□❶ 1853 年，日本に来航したアメリカ東インド艦隊司令長官はだれか。

❶ ペリー

□❷ ❶の人物と日本の間で結ばれた条約を何というか。

❷ 日米和親条約

□❸ 1858 年，日本とアメリカとの間で結ばれた貿易に関する条約を何というか。

❸ 日米修好通商条約

□❹ ❸を結んだ江戸幕府の大老はだれか。

❹ 井伊直弼

記述 □❺ ❸の条約が不平等条約といわれる理由を説明せよ。

❺ (例)日本に関税自主権がなく，アメリカに領事裁判権（治外法権）を認めたから。

□❻ ❸の条約締結後にさかんとなった，天皇を尊び，外国を排除しようとした動きを何というか。

❻ 尊王攘夷運動

□❼ 幕末の貿易に関する右のグラフが表すのは，日本の輸出，輸入のどちらか。また，1 位の品目（X）は何か。

❼ 輸出
X 生糸

1865年
茶 10.5
その他 5.3
1849万ドル
X 84.2%

（「日本経済史3」など）

□❽ 1858 年から始まった，幕府政治への反対派を弾圧した事件を何というか。

❽ 安政の大獄

□❾ ❽に対して，元水戸藩士らによっておこされた大老暗殺事件を何というか。

❾ 桜田門外の変

□❿ 右の地図中のYで外国船を砲撃し，砲台を四国艦隊に占領された藩はどこか。

❿ 長州藩

Y

□⓫ ❿の藩で倒幕運動を主導したのはだれか。

⓫ 木戸孝允

□⓬ 薩長同盟を仲介した土佐藩出身の人物はだれか。

⓬ 坂本龍馬

□⓭ 江戸幕府最後の 15 代将軍はだれか。

⓭ 徳川慶喜

□⓮ ⓭が政権を朝廷に返したできごとを何というか。

⓮ 大政奉還

□⓯ ⓮と同年に行われた，天皇を中心とする新政府の成立を宣言したことを何というか。

⓯ 王政復古の大号令

□⓰ 1868 年に始まった政府軍と旧幕府軍との戦いは何か。

⓰ 戊辰戦争

part 1 古代までの日本
part 2 中世の日本
part 3 近世の日本
part 4 近代日本の歩みと国際関係
part 5 二つの世界大戦と日本
part 6 現代の日本と世界

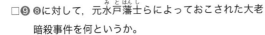

17. 明治維新と文明開化

年表・図解チェック

年号も
覚えねば！

時代	中国	年代	おもなできごと・文化
明治時代	清	1868	五箇条の御誓文が出される
			五榜の掲示が出される
			元号が明治に改められる
		1869	京都から東京に都が移される
			版籍奉還が行われる
		1871	廃藩置県が行われる
			「解放令」が出される
			日清修好条規が結ばれる
			岩倉使節団が欧米へ派遣される（～73）
		1872	学制の公布，富岡製糸場が開業する
		1873	徴兵令の公布，地租改正が実施される
		1875	樺太・千島交換条約が結ばれる
		1876	日朝修好条規が結ばれる

文明開化
- 洋服・洋食・ランプ・ガス灯
- 太陽暦・七曜制
- 郵便制度・鉄道の開通

新しい思想
- 福沢諭吉『学問のすゝめ』
- 中江兆民（ルソーの思想）

1 明治維新 ★★

近代国家づくりを目ざした明治新政府
によるさまざまな改革と，それに伴う社
会の変化を**明治維新**という。

● 1868年，会議を開いて世論に基づく政
治を行うことなど新しい政治の方針を，
明治天皇が神々に誓うという形で定め
る（**五箇条の御誓文**）。

● 民衆向けには，**五榜の掲示**を出し，一
揆や**キリスト**教の禁止など，江戸幕府
と変わらない政策を示す。

● 江戸を東京と改称し，元号を明治と改
め，1869年には東京を首都とする。

五箇条の御誓文

一，広ク会議ヲ興シ，万機公
論ニ決スベシ

一，上下心ヲ一ニシテ盛ニ経
綸ヲ行フベシ

一，官武一途庶民ニ至ル迄，
各其志ヲ遂ゲ，人心ヲシ
テ倦マザラシメンコトヲ要ス

一，旧来ノ陋習ヲ破リ，天地
ノ公道ニ基クベシ

一，智識ヲ世界ニ求メ，大ニ
皇基ヲ振起スベシ

得点UP!
- 版籍奉還と廃藩置県の内容を理解しよう。
- 明治維新の三大改革の内容を整理しよう。

② 版籍奉還と廃藩置県 ★★

❶ 版籍奉還…藩主に領地(版)と人民(籍)を朝廷に返還させる。

❷ 廃藩置県…すべての藩を廃止し，府・県を置く→府知事や県令(県知事)を政府から派遣する。

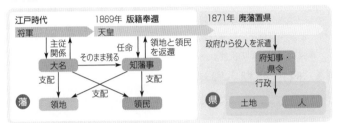

江戸時代　　1869年 版籍奉還　　1871年 廃藩置県

③ 身分制の移行 ★

- 天皇一族→皇族
- 公家・大名→華族　● 武士→士族
- 百姓・町人(商人・職人)→平民

四民平等

身分別人口の割合
士族・華族 5.6　僧侶・旧神官 0.9
人口 約3313万人
平民 93.5%
(1872年)
「近代日本経済史要覧」

④ 三大改革 ★★★

❶ 学制…学校制度を定める。**満6歳以上の男女に小学校教育を受けさせる。**

❷ 徴兵令…統一した軍隊を組織。**満20歳以上の男子に3年間の兵役の義務。**

❸ 地租改正…財政の安定化が目的。土地所有者に証明書(地券)を発行。

丸暗記

	地租改正前	地租改正後
税の種類	年貢	地租
税率の基準	収穫高や地方により異なる	地価の3%（のちに2.5%）
納税方法	米で納める	現金で納める
政府の収入	毎年違いが出る	毎年一定の財政収入を確保
小作料	米で支払う	米で支払う

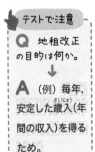

テストで注意

Q 地租改正の目的は何か。

A (例)毎年，安定した歳入(年間の収入)を得るため。

⑤ 富国強兵と文明開化 ★★

❶ 富国強兵

● 富国…殖産興業政策→欧米の進んだ技術や機械を取り入れ、近代産業の育成を図る。富岡製糸場（群馬県）などの官営模範工場の建設、鉄道の敷設、郵便制度や電信網の整備など。

● 強兵…徴兵制の実施。

❷ 文明開化

年代	おもなことがら
一八六九	電信開通（東京・横浜間）
一八七〇	洋服（背広）の着用が始まる
一八七一	郵便開始（東京―横浜間） 横浜毎日新聞が創刊される
一八七二	鉄道が開通（新橋―横浜間） 太陽暦が採用される
一八七六	日曜日を休日と定める
一八八七	東京に電灯がともる 横浜にガス灯がともる
一八九〇	電話開通（東京―横浜間）

⑥ 明治初期の国境の画定 ★★

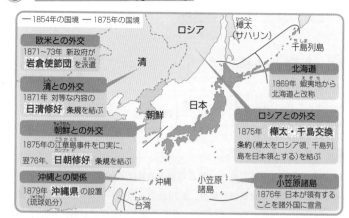

― 1854年の国境　― 1875年の国境

欧米との外交
1871～73年 新政府が岩倉使節団を派遣

清との外交
1871年 対等な内容の日清修好条規を結ぶ

朝鮮との外交
1875年の江華島事件を口実に、翌76年、日朝修好条規を結ぶ

沖縄との関係
1879年 沖縄県の設置（琉球処分）

北海道
1869年 蝦夷地から北海道と改称

ロシアとの外交
1875年 樺太・千島交換条約（樺太をロシア領、千島列島を日本領とする）を結ぶ

小笠原諸島
1876年 日本が領有することを諸外国に宣言

ロシア　樺太（サハリン）　千島列島　清　北海道　朝鮮　日本　沖縄　小笠原諸島　台湾

知っておきたい　1871年の岩倉使節団に、満6歳の津田梅子が留学生として同行。帰国後、女子教育に尽力する。

最重要年代 暗記

地租改正　嫌な（1873）3％　現金で

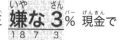

1873年、地価の3％を米にかえて現金で納めさせる地租改正が実施される。

大根でどう？　現金で納める!!

✓ チェックテスト

□❶ 1868 年に出された右の史料を何というか。

□❷ 1869 年，大名から領地と人民を天皇に返させた政策を何というか。

□❸ ❷により，藩主は何と呼ばれる地位となって藩の支配を続けたか。

□❹ 1871 年，藩を廃止して府や県を置いた政策は何か。

□❺ 右の図は 1872 年の身分別人口の割合を表している。Xにあてはまる元百姓・町人を何というか。

士族・華族 5.6%
僧侶・旧神官 0.9
人口 約3313 万人
X 93.5%
(「近代日本経済史要覧」)

□❻ 1872 年に定められた，満 6 歳以上の男女に教育を受けさせる制度を何というか。

□❼ 1873 年に定められた，統一した軍隊をつくるための法令を何というか。

□❽ 1873 年から実施された，国の財政を安定させるための土地・租税制度の改革を何というか。

記述 □❾ ❽の内容を，「土地所有者」「地価」「現金」の語句を用いて，簡潔に説明せよ。

□❿ 国を豊かにするために，産業を育てようとした政策を何というか。

□⓫ 群馬県に建てられた生糸をつくる工場を何というか。

□⓬ 都市を中心に，欧米の生活様式が進んだことを何というか。

□⓭ 『学問のすゝめ』を著したのはだれか。

□⓮ ルソーの思想を日本に紹介したのはだれか。

□⓯ 1875 年に結ばれた，ロシアとの国境画定に関する条約を何というか。

解答

❶ 五箇条の御誓文

一，広ク会議ヲ興シ，万機公論ニ決スベシ
一，上下心ヲ一ニシテ盛ニ経綸ヲ行フベシ

❷ 版籍奉還

❸ 知藩事

❹ 廃藩置県

❺ 平民

❻ 学制

❼ 徴兵令

❽ 地租改正

❾ (例)土地所有者が地価の3％を現金で支払う。

❿ 殖産興業

⓫ 富岡製糸場

⓬ 文明開化

⓭ 福沢諭吉

⓮ 中江兆民

⓯ 樺太・千島交換条約

part 1 弥生までの日本
part 2 TOKYO 中世の日本
part 3 近世の日本
part 4 近代日本の歩みと国際関係
part 5 二つの世界大戦と日本
part 6 TOKYO 現代の日本と世界

近代日本の歩みと
国際関係

18. 自由民権運動と立憲政治

月　日

📎 年表・図解チェック

年号も
覚えねば！

時代	中国	年代	おもなできごと
明治時代	清	1873	征韓論→明治六年の政変がおこる
		1874	民撰議院設立の建白書が提出される
			立志社が結成される
		1877	西南戦争がおこる
		1880	国会期成同盟が結成される
		1881	国会開設の勅諭が出される
			板垣退助らが自由党を結成する
		1882	大隈重信らが立憲改進党を結成する
		1884	秩父事件がおこる
		1885	内閣制度ができる
		1889	大日本帝国憲法が発布される
		1890	第1回衆議院議員選挙，第1回帝国議会が開かれる
			教育勅語が出される

民撰議院設立の建白書は
国会設立を求めた
ものだよ。

1　政府への不満 ★

❶ 藩閥政府…薩摩藩，長州藩，土佐藩，肥前藩の出身者が政権を握る。

❷ 士族の不満…国民皆兵の徴兵令により，士族の特権がなくなる。

❸ 農民の不満…学制や徴兵令により働き手を奪われる。地租改正で生活苦。

❹ 征韓論での政府対立…鎖国政策をとる朝鮮を武力で開国させる征韓論を
めぐり，政府内で意見が対立する。

征韓論をめぐる対立

| 大久保利通・木戸孝允ら内治派（国内政治の優先を主張） | 反対 対立 賛成 | 板垣退助・西郷隆盛ら征韓派（朝鮮の開国を主張） | → | 板垣・西郷らが政府を去る（明治六年の政変） |

知って
おきたい

西郷隆盛が西南戦争で政府軍に敗れた後，政府への批
判は武力によるものから言論によるものへと変化する。

82　part4　近代日本の歩みと国際関係

得点UP!
● 自由民権運動の流れを理解しよう。
● 第1回衆議院議員選挙の有権者の条件をおさえよう。

part 1 古墳の日本
part 2 中世の日本
part 3 近世の日本
part 4 近代日本の歩みと国際関係
part 5 二つの世界大戦と日本
part 6 TOKYO 現代の日本と世界

② 自由民権運動と政府の対応 ★★

国民が国会開設などの民主的改革を政府に要求(**自由民権運動**)。**植木枝盛**や**中江兆民**らは欧米の思想を紹介して自由民権運動に影響を与える。

年代		自由民権派の動き	政府の動き
1874	運動開始	民撰議院設立の建白書提出 高知で立志社結成	
1880	藩閥政府批判 国会開設要求	大阪で**国会期成同盟**結成 →国民の政治参加を求める	集会条例公布
1881		北海道開拓使官有物払い下げ事件 自由党結成	払い下げ中止 大隈重信を政府から追放 国会開設の勅諭
1882		立憲改進党結成 「五日市憲法」などの憲法草案もつくられたよ。	**伊藤博文**らを憲法調査のため,ヨーロッパへ派遣 →君主権の強いドイツ(プロイセン)憲法を参考
1884 1885	激化運動	自由党解散,秩父事件(埼玉県)	**内閣**制度ができる
1889 1890	解体		大日本帝国憲法発布 第1回**帝国議会**が開かれる

テストで注意

Q 大日本帝国憲法は,なぜドイツ(プロイセン)憲法を手本にしたのか。

A (例)君主権が強い憲法だったから。

③ 政党の結成 ★★★

丸暗記

	自由党	立憲改進党
結党年	1881年	1882年
党首	**板垣退助**	**大隈重信**
特色	フランス流で急進的	イギリス流で穏健

④ 大日本帝国憲法 ★★

　天皇の相談機関の枢密院で憲法案を審議 → 1889 年 2 月 11 日，天皇が国民に与えるという形で発布される（欽定憲法）。

●天皇は神聖不可侵であり，陸海軍を指揮する。

●国民は天皇の「臣民」とされ，その人権は法律の範囲内で認められる。

●帝国議会は衆議院・貴族院の二院制。

大日本帝国憲法	
第1条	大日本帝国ハ万世一系ノ天皇之ヲ統治ス
第3条	天皇ハ神聖ニシテ侵スベカラズ
第4条	天皇ハ国ノ元首ニシテ統治権ヲ総攬シ此ノ憲法ノ…
第11条	天皇ハ陸海軍ヲ統帥ス
第20条	日本臣民ハ法律ノ定ムル所ニ従イ兵役ノ義務ヲ有ス
第29条	日本臣民ハ法律ノ範囲内ニ於テ言論著作印行集会及結社ノ自由ヲ有ス （一部抜粋）

Check!
* 貴族院→皇族・華族，天皇が任命した議員などで構成される。
* 衆議院→国民が選挙した議員で構成される。

大日本帝国憲法	くらべる	日本国憲法
● 天皇主権 ● 天皇は日本国の元首		● 国民主権 ● 天皇は日本国民統合の象徴

⑤ 帝国議会の開設と総選挙 ★★★

❶ 帝国議会…1890 年，衆議院議員総選挙が初めて行われ，第 1 回帝国議会が開かれる。

❷ 選挙権…直接国税を 15 円以上納める満 25 歳以上の男子に与えられる。

▲投票所のようす

❸ 有権者の割合…総人口の約 1.1％（約 45 万人）。

❹ 投票結果…自由民権運動の流れをくむ政党（民党）が過半数を占める。

最重要年代 暗記

いち早く 帝国憲法 発布する
　1889

1889 年 2 月 11 日，伊藤博文らが起草した大日本帝国憲法が発布される。

☑ チェックテスト

□❶ 薩摩藩や長州藩の出身者らが，政府の要職を独占して行った政治を何というか。

❶ 藩閥政治

□❷ 征韓論を退けられて政府を去った右の人物はだれか。

❷ 西郷隆盛

□❸ ❷の人物を中心とした士族の反乱を何というか。

❸ 西南戦争

□❹ 国会開設を求めて，1874年に板垣退助らが政府に提出したものを何というか。

❹ 民撰議院設立の建白書

□❺ ❹の提出をきっかけとして急速に広まった，国会開設などを求める動きを何というか。

❺ 自由民権運動

□❻ 1880年に大阪で結成された，国会開設を求める全国的団体を何というか。

❻ 国会期成同盟

□❼ 1881年に結成された自由党の党首はだれか。

❼ 板垣退助

□❽ 1882年に結成された立憲改進党の党首はだれか。

❽ 大隈重信

□❾ 1884年，生活に苦しむ農民と自由党員が結びつき，埼玉県でおこった事件を何というか。

❾ 秩父事件

□❿ 初代内閣総理大臣となった右の人物はだれか。

❿ 伊藤博文

□⓫ 大日本帝国憲法が発布されたのは何年か。

⓫ 1889年

□⓬ 大日本帝国憲法は，ヨーロッパのどこの国の憲法を参考につくられたか。

⓬ ドイツ（プロイセン）

□⓭ 大日本帝国憲法では国民のことを何と表していたか。

⓭ 臣民

□⓮ 重要な国務について天皇の相談に応じるために設けられた機関を何というか。

⓮ 枢密院

□⓯ 大日本帝国憲法下の最高立法機関を何というか。

⓯ 帝国議会

□⓰ ⓯は衆議院と何院で構成されていたか。

⓰ 貴族院

記述 □⓱ 衆議院議員の選挙権が与えられたのはどのような人であったか。

⓱ （例）直接国税を15円以上納める満25歳以上の男子。

part 1 古代までの日本
part 2 中世の日本
part 3 近世の日本
part 4 近代日本の歩みと国際関係
part 5 二つの世界大戦と日本
part 6 現代の日本と世界

19. 日清・日露戦争と東アジア

年表・図解チェック

年号も覚えねば！

時代	中国	年代	おもなできごと
明治時代	清	1894	領事裁判権（治外法権）の撤廃に成功する 甲午農民戦争（朝鮮）→日清戦争が始まる（〜95）
		1895	下関条約が結ばれる→三国干渉がおこる
		1900	義和団が外国公使館を占領する（義和団事件）
		1902	日英同盟が結ばれる
		1904	日露戦争が始まる（〜05）
		1905	ポーツマス条約が結ばれる
		1910	大逆事件がおこる，韓国併合が行われる
		1911	関税自主権を完全回復する 辛亥革命が始まる（中国）
大正時代	中華民国	1912	中華民国が建国される（中国）

大逆事件では幸徳秋水ら社会主義者が捕らえられたよ。

① 条約改正の歩み ★★

❶ 岩倉使節団…欧米視察（1871〜73年）→条約改正予備交渉は失敗。

❷ 欧化政策…鹿鳴館で舞踏会を開くなどして交渉→国内の反対で失敗。

❸ 条約改正の実現…1894年，日清戦争の直前に陸奥宗光外相がイギリスと日英通商航海条約を結ぶ→**領事裁判権の撤廃**に成功。1911年，小村寿太郎外相がアメリカとの条約に調印→**関税自主権の完全回復**に成功。

Check!

ノルマントン号事件（1886年）…イギリス船ノルマントン号が和歌山県沖で沈没。イギリス人船長と船員は全員救助されるが，日本人乗客は全員水死→イギリス人船長に軽い刑罰→国民の間に領事裁判権撤廃の声が高まる。

文明開化		欧化政策
明治維新のころの生活様式の欧米化のよう。	くらべる	条約改正を目的に，欧米の文明に近づいた日本を示す政策。

② 日清戦争 ★★★

❶ 日清戦争…1894年，朝鮮で東学(宗教)を信仰する農民らが蜂起し甲午農民戦争がおこる→反乱鎮圧のため出兵した日本と清が衝突→日清戦争がおこる→日本が勝利。

▲日清戦争のころの風刺画

❷ 講和条約…1895年，下関条約が結ばれる→ロシア・ドイツ・フランスによる三国干渉で，日本は遼東半島を清へ返還。

③ 日露戦争 ★★★

❶ 中国分割…日清戦争での清の敗北→列強の清への侵略が強まる。

❷ 義和団事件…1900年，義和団が北京にある外国公使館を包囲→鎮圧後もロシアは満州に残留する。

▲日露戦争のころの風刺画

❸ 日英同盟…1902年，ロシアの南下政策に対抗するために結ばれる。

❹ 日露戦争…1904年，開戦→東郷平八郎の率いる日本海軍が日本海海戦で勝利する。

❺ 講和条約…1905年，ポーツマス条約が結ばれる→賠償金を得られなかったことへの民衆の不満から，東京で日比谷焼き打ち事件がおこる。

④ 日清・日露戦争の講和条約と内容 ★★

丸暗記

	日清戦争 (1894〜95年)	日露戦争 (1904〜05年)
講和条約	• 下関条約 日本代表—伊藤博文・陸奥宗光 清国代表—李鴻章	• ポーツマス条約(アメリカが仲介) 日本代表—小村寿太郎 ロシア代表—ウィッテ
条約の内容	• 清国は朝鮮の独立を認める。 • 日本は遼東半島・台湾・澎湖諸島を得る。 • 賠償金2億両(日本円にして約3億1千万円)を得る。	• ロシアは韓国における日本の優越権，沿海州方面での日本の漁業権を認める。 • 日本は樺太(サハリン)の南半分，旅順や大連の租借権，南満州鉄道の権益を得る。

part 1 古代までの日本
part 2 中世の日本
part 3 近世の日本
part 4 近代日本の歩みと国際関係
part 5 2つの世界大戦と日本
part 6 現代の日本と世界

⑤ 日露戦争をめぐる意見 ★

社会主義者の幸徳秋水やキリスト教徒の内村鑑三などが，非戦論を唱えて戦争に反対する。

△内村鑑三

東京帝国大学などの七博士のように主戦論を唱える人たちもいたよ。

君死にたまふことなかれ
あゝをとうとよ君を泣く
君死にたまふことなかれ
末に生れし君なれば
親のなさけはまさりしも
親は刃をにぎらせて
人を殺せとをしへしや…
（一部抜粋）

△与謝野晶子

⑥ 東アジアのようす ★★

❶ 朝鮮半島 ● 1897年，朝鮮は国名を**大韓帝国**(韓国)と改称する。

● 日露戦争後の1905年，日本は**韓国統監府**を置いて保護国化を進める。

● 1909年，初代韓国統監の伊藤博文が**安重根**により暗殺される。

● 1910年，日本は韓国を併合する(**韓国併合**)→韓国を朝鮮と改め，**朝鮮総督府**を置いて1945年まで植民地として支配する。

❷ 中国 ● 義和団事件以降も列強による侵略→**三民主義**を唱える**孫文**を中心に，清を倒して近代的な国家建設を目ざす動きが展開される。

● 1911年の武昌(現在の武漢)での兵士の反乱をきっかけに，翌12年，孫文を臨時大総統とする**中華民国**が建国される(**辛亥革命**)。

● 1912年，清が**袁世凱**によって倒される→袁世凱は孫文から地位を譲り受け，大総統となって独裁政治を開始する。

● 袁世凱の死後，各地で**軍閥**が台頭する。

知っておきたい　三民主義とは，民族主義（漢民族の独立），民権主義（民主主義），民生主義（生活の安定）である。

最重要年代暗記

日清の **人は苦し**む 戦争で
　　　　 1894

朝鮮での**甲午農民戦争**をきっかけに1894年8月，日本が清に宣戦布告して日清戦争が始まる。

☑ チェックテスト

解答

□❶ 1886年，日本人が見殺しにされたことで，領事裁判権の見直しを求める声が高まった事件を何というか。

□❷ 1894年，領事裁判権の撤廃に成功した外相はだれか。

□❸ 1911年，関税自主権の回復に成功した外相はだれか。

□❹ 1894年の日清戦争のきっかけとなった，朝鮮国内の反乱を何というか。

□❺ 日本が下関条約で獲得した右図**X**の半島を何というか。

□❻ 1895年に三国干渉を行った三国はどこか。

□❼ 1900年，北京の公使館を包囲した団体を何というか。

□❽ 1902年，ロシアの南下に対抗するために日本とイギリスが結んだ同盟を何というか。

□❾ 右の絵は1904年に始まる戦争直前の各国のようすを風刺している。この戦争とは何か。

□❿ アメリカ大統領セオドア=ローズベルトが仲介した❾の講和条約を何というか。

□⓫ 1905年に東京で日比谷焼き打ち事件がおこったのはなぜか。 [記述]

□⓬ ❾に際して，出兵した弟の身を案じて「君死にたまふことなかれ」の詩を発表したのはだれか。

□⓭ 1910年，日本が大韓帝国を日本の植民地としたできごとを何というか。

□⓮ ⓭の後，日本が置いた朝鮮統治機関を何というか。

□⓯ 三民主義をかかげた革命家はだれか。

□⓰ ⓯の人物が臨時大総統となった国を何というか。

□⓱ 清朝を倒し，孫文の地位を譲り受けたのはだれか。

解答

❶ ノルマントン号事件

❷ 陸奥宗光

❸ 小村寿太郎

❹ 甲午農民戦争

❺ 遼東半島（リアオトン）

❻ ロシア・ドイツ・フランス

❼ 義和団

❽ 日英同盟

❾ 日露戦争

❿ ポーツマス条約

⓫ (例)ポーツマス条約で賠償金が得られなかったから。

⓬ 与謝野晶子

⓭ 韓国併合

⓮ 朝鮮総督府

⓯ 孫文（スンウェン）

⓰ 中華民国

⓱ 袁世凱（ユアンシーカイ）

part 1 古代までの日本

part 2 中世の日本

part 3 近世の日本

part 4 近代日本の歩みと国際関係

part 5 二つの世界大戦と日本

part 6 現代の日本と世界

20. 産業の発達と近代文化の形成

年表・図解チェック

年号も覚えねば！

時代	中国	年代	おもなできごと		
明治時代	清	1872	**富岡製糸場**が操業を開始する	殖産興業	**官営模範工場** 1870年代に建設 1880年代に払い下げ
			国立銀行条例が制定される		
		1882	大阪紡績会社が設立される	産業革命の進展	繊維工業（軽工業）中心，蒸気力の利用
			日本銀行が設立される		
		1894	**日清戦争**が始まる		
		1895	下関条約が結ばれる →中国・朝鮮市場へ		
		1901	**八幡製鉄所**が操業を開始する	産業革命の完成	鉄鋼業・機械工業（重工業）中心，電力の利用
		1904	**日露戦争**が始まる		
		1905	ポーツマス条約が結ばれる →満州市場へ		
大正時代	中華民国	1914	第一次世界大戦が始まる		

1 産業の発達 ★

❶ 官営模範工場…**富岡製糸場**など製糸業や紡績業が中心→民間へ払い下げ。

❷ 大阪紡績会社…初の大規模な機械紡績の会社。**渋沢栄一**が設立に関与。

❸ 紡績業の発展…綿糸の国内生産量・輸出量が輸入量を上回る。

Check!
- 1890年　綿糸…生産量＞輸入量
- 1897年　綿糸…輸出量＞輸入量

❹ 生糸…最大の輸出品。アメリカへの輸出が多い。

❺ 重工業…日清戦争の賠償金をもとにつくられた**八幡製鉄所**の操業などが進む。

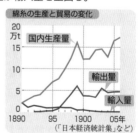

綿糸の生産と貿易の変化

国内生産量
輸出量
輸入量

（「日本経済統計集」など）

丸暗記　日本の産業革命　→　日清戦争のころ→軽工業中心。
日露戦争のころ→重工業中心。

② 貿易・産業発達の影響 ★★

❶ 輸出入…日露戦争後、日本は世界最大の生糸輸出国となる。

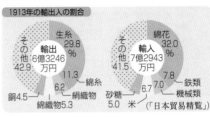

1913年の輸出入の割合

輸出 6億3246万円
- 生糸 29.8%
- 綿糸 11.3
- 絹織物 6.2
- 綿織物 5.3
- 銅 4.5
- その他 42.9

輸入 7億2943万円
- 綿花 32.0%
- 鉄類 7.8
- 機械類 7.0
- 米 5.0
- 砂糖 6.7
- その他 41.5

(「日本貿易精覧」)

❷ 財閥…三井・三菱・住友などが日本の経済を支配する。

❸ 問題…資本家と労働者の対立や公害問題などが発生。
- 公害問題…渡良瀬川流域で発生した足尾銅山鉱毒事件では、衆議院議員の田中正造が天皇へ直訴を試みるなど解決へ向けて尽力する。

❹ 社会主義運動…1910年、天皇暗殺計画を企てた容疑で社会主義者が多数逮捕され、幸徳秋水が処刑される(大逆事件)。

知っておきたい　栃木県の渡良瀬遊水地は、現在ではラムサール条約に登録されている。

③ 近代文化 ★

❶ 科学者とその研究

	科学者	おもな研究
医学	北里柴三郎	破傷風の血清療法 ペスト菌の発見
	志賀潔	赤痢菌の発見
	野口英世	黄熱病の研究
化学	高峰譲吉	アドレナリンの発見 タカジアスターゼの創製
	鈴木梅太郎	ビタミンB$_1$の創製
物理	長岡半太郎	原子構造の研究
天文	木村栄	緯度変化の研究
地学	大森房吉	地震計の発明

❷ 文学者とその作品

文学者	おもな作品
坪内逍遥	『小説神髄』
二葉亭四迷	『浮雲』
幸田露伴	『五重塔』
森鷗外	『舞姫』
樋口一葉	『たけくらべ』
夏目漱石	『坊っちゃん』
島崎藤村	『若菜集』
正岡子規	『ホトトギス』
与謝野晶子	『みだれ髪』
石川啄木	『一握の砂』

part 1 古墳までの日本
part 2 中世の日本
part 3 近世の日本
part 4 近代日本の歩みと国際関係
part 5 二つの世界大戦と日本
part 6 現代の日本と世界

❸ 近代芸術

絵画	日本画	岡倉天心・フェノロサが日本画を復興 横山大観「無我」 狩野芳崖「悲母観音」 菱田春草「落葉」
	洋画	黒田清輝「湖畔」「読書」 青木繁「海の幸」 浅井忠「収穫」
彫刻		高村光雲「老猿」 荻原守衛「女」「坑夫」
音楽		滝廉太郎「花」「荒城の月」
建築		コンドル「鹿鳴館」「ニコライ堂」

岡倉天心とフェノロサは
東京美術学校(現在の
東京芸術大学)を
設立したよ。

◀「老猿」(高村光雲)

❹ 明治の教育

- 1872 年, 満 6 歳以上の男女に小学校教育を受けさせることが義務となる(**学制**)。
- 1890 年,「忠君愛国」の精神を養うために**教育勅語**が発布される。
- 1907 年, 義務教育の期間が 6 年に延長, 就学率が 97％に達する。

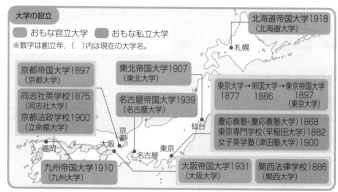

大学の設立

⬛ おもな官立大学　⬛ おもな私立大学
※数字は創立年,（　）内は現在の大学名。

北海道帝国大学1918
(北海道大学)

京都帝国大学1897
(京都大学)

同志社英学校1875
(同志社大学)

京都法政学校1900
(立命館大学)

東北帝国大学1907
(東北大学)

名古屋帝国大学1939
(名古屋大学)

東京大学→帝国大学→東京帝国大学
1877　　1886　　　1897
　　　　　　　　　(東京大学)

慶応義塾(慶応義塾大学)1868
東京専門学校(早稲田大学)1882
女子英学塾(津田塾大学)1900

九州帝国大学1910
(九州大学)

大阪帝国大学1931
(大阪大学)

関西法律学校1886
(関西大学)

札幌　仙台　京都　大阪　東京　名古屋　福岡

最重要年代暗記

八幡では　**日暮れ一番**　高炉に火
　　　　　１９０１

1901 年, 福岡県北九州市につくられた八幡製鉄所が操業
を開始する。

☑ チェックテスト

解答

□❶ 日清戦争のころにおこった産業革命は，軽工業・重工業のどちらが中心か。

❶ 軽工業

□❷ 1882年，大阪紡績会社の設立にかかわり，2024年から新1万円札の肖像となる人物はだれか。

❷ 渋沢栄一

□❸ 1901年に操業を開始した北九州の製鉄所は何か。

❸ 八幡製鉄所

□❹ ❸の建設資金は何であったか。 **記述**

❹ （例）日清戦争の賠償金

□❺ 右の図は，1913年の日本の輸出・輸入のいずれかである。どちらか答えよ。また，1位の品目（X）を答えよ。

X 29.8%
その他 42.9
6億3246万円
11.3
6.2 綿糸
銅4.5 — 綿織物5.3 絹織物
（「日本貿易精覧」）

❺ 輸　出
X 生　糸

□❻ 政商と呼ばれた三井・三菱などは，日本の経済界を支配するようになり，何と呼ばれるようになったか。

❻ 財　閥

□❼ 足尾銅山鉱毒事件で事件解決に尽力し，天皇に直訴を試みたのはだれか。

❼ 田中正造

□❽ 破傷風の血清療法を発見した右の人物はだれか。

❽ 北里柴三郎

□❾ 黄熱病の研究を行ったのはだれか。

❾ 野口英世

□❿ 話し言葉で文章を書く言文一致体で『浮雲』を著したのはだれか。

❿ 二葉亭四迷

□⓫ 『舞姫』を著したのはだれか。

⓫ 森鷗外

□⓬ 『坊っちゃん』を著したのはだれか。

⓬ 夏目漱石

□⓭ 岡倉天心とともに，日本美術の復興に尽力したアメリカ人はだれか。

⓭ フェノロサ

□⓮ 「無我」を描いた日本画家はだれか。

⓮ 横山大観

□⓯ 右の絵を描いた洋画家はだれか。

⓯ 黒田清輝

□⓰ 1890年に出された，学校教育と国民の道徳の方針を示したものを何というか。

⓰ 教育勅語

part 1 ❶ 古代までの日本
part 2 中世の日本
part 3 近世の日本
part 4 近代日本の歩みと国際関係
part 5 二つの世界大戦と日本
part 6 TOKYO 現代の日本と世界

part4

📝 まとめテスト

□❶ 国王が，軍隊と官僚をもとに行った専制政治を何というか。

□❷ 1789 年に出された右の宣言を何というか。

> 第1条　人は生まれながらに自由で平等な権利をもつ。
> 第3条　主権の源は国民の中にある。

□❸ 『法の精神』で三権分立を主張したフランスの啓蒙思想家はだれか。

□❹ イギリスから始まった，工場での機械による生産と，それに伴う経済や社会の大きな変化を何というか。

記述 □❺ ❹の結果，イギリスをはじめ欧米諸国が，アジアへ植民地を求めて進出したのはなぜか。

□❻ 1853 年に日本に来航した，アメリカの東インド艦隊司令長官はだれか。

□❼ 1854 年の日米和親条約と，1858 年の日米修好通商条約で，両方に共通して開かれた港はどこか。

□❽ 長州藩の吉田松陰が刑死するなど，大老井伊直弼による幕府の反対派への処罰事件を何というか。

□❾ 1866 年に坂本龍馬の仲介で結ばれた，倒幕のための同盟を何というか。

□❿ 1867 年に大政奉還を行った徳川最後の将軍はだれか。

□⓫ 明治新政府が始めた，近代国家建設を目ざすさまざまな改革を何というか。

□⓬ 1869 年に行われた，大名のもつ領地と人民を天皇に返させたできごとを何というか。

□⓭ 1871 年に日本が清と結んだ，日本初の対等な内容の条約を何というか。

□⓮ 1871 年，条約改正交渉のために欧米を訪問した右の使節団の中心人物はだれか。

□⓯ 土地所有者に地価の3%を現金で納めさせるようにした政策を何というか。

解答

❶ 絶対王政

❷ (フランス)人権宣言

❸ モンテスキュー

❹ 産業革命

❺ (例)原料の供給地と製品を売る市場を求めたから。

❻ ペリー

❼ 函館

❽ 安政の大獄

❾ 薩長同盟

❿ 徳川慶喜

⓫ 明治維新

⓬ 版籍奉還

⓭ 日清修好条規

⓮ 岩倉具視

⓯ 地租改正

□⑯ 『学問のすゝめ』を著したのはだれか。

□⑰ 朝鮮を武力を用いて開国させようとする考えを何というか。

□⑱ ⑰の論争に敗れて政府を去り，1877年の西南戦争の中心となった人物はだれか。

□⑲ 1889年に発布された右の憲法を何というか。

記述 □⑳ ⑲では臣民の権利はどのようになっていたか。

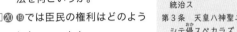

第1条　大日本帝国ハ万世一系ノ天皇之ヲ統治ス
第3条　天皇ハ神聖ニシテ侵スベカラズ

記述 □㉑ 1894年，陸奥宗光がイギリスとの交渉の結果，成功した条約改正の内容を簡潔に答えよ。

□㉒ 右の絵は，日清戦争のころの風刺画である。X・Yが表す国はそれぞれどこか。

□㉓ 日清戦争後，ロシアなどが日本に遼東半島の清への返還を求めたできごとを何というか。

□㉔ 日露戦争に対し，キリスト教の立場から戦争反対を唱えたのはだれか。

□㉕ 日清戦争の賠償金をもとに，福岡県につくられた官営工場を何というか。

□㉖ 次の@～⑧の人物と関係のあるものを右の⑦～⑨からそれぞれ選べ。
@志賀潔
⑥森鷗外
ⓒ正岡子規
ⓓ石川啄木
ⓔ狩野芳崖
ⓕ高村光雲
⑧滝廉太郎

⑦『ホトトギス』
⑦「老猿」
⑨「悲母観音」
⑤赤痢菌の発見
⑦『舞姫』
⑦「花」
⑦『一握の砂』

⑯ 福沢諭吉
⑰ 征韓論
⑱ 西郷隆盛
⑲ 大日本帝国憲法
⑳ (例)法律の範囲内で認められていた。
㉑ (例)領事裁判権(治外法権)の撤廃
㉒ X ロシア　Y 朝鮮
㉓ 三国干渉
㉔ 内村鑑三
㉕ 八幡製鉄所
㉖ @エ
　 ⑥オ
　 ⓒア
　 ⓓキ
　 ⓔウ
　 ⓕイ
　 ⑧カ

part 1 古代までの日本
part 2 中世の日本
part 3 近世の日本
part 4 近代日本の歩みと国際関係
part 5 二つの世界大戦と日本
part 6 現代の日本と世界

月　　日

21. 第一次世界大戦と戦後の世界

📎 年表・図解チェック

年号も
覚えねば！

時代	中国	年代	おもなできごと
明治時代	清	1882	三国同盟が成立する
		1907	三国協商が成立する
		1914	**サラエボ事件**がおこる(バルカン半島)
			第一次世界大戦が始まる(〜18)
		1915	中国に**二十一か条の要求**を出す
		1917	**ロシア革命**がおこる
		1918	シベリア出兵が行われる(〜22)
大正時代	中華民国	1919	**三・一独立運動**(朝鮮)，**五・四運動**(中国)がおこる
			ベルサイユ条約が結ばれる
			ガンディーの抵抗運動が高まる(インド)
			ワイマール憲法が制定される(ドイツ)
		1920	**国際連盟**が発足する
		1921	**ワシントン会議**が開かれる(〜22)
		1922	**ソビエト社会主義共和国連邦**(ソ連)が成立する

バルカン半島は
「ヨーロッパの火薬庫」と
呼ばれていたんだ。

① 帝国主義の対立 ★

　欧米諸国は，**帝国主義**(軍事力を背景に原料や市場を求めて植民地を獲得する動き)のもと，各国が協力・対抗する。

- **三国同盟** ➡ ドイツ・オーストリア・イタリア
- **三国協商** ➡ イギリス・フランス・ロシア

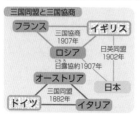

三国同盟と三国協商

3B政策と3C政策

3B政策はドイツの，
3C政策はイギリスの
帝国主義政策だよ。

② 第一次世界大戦とその影響 ★★★

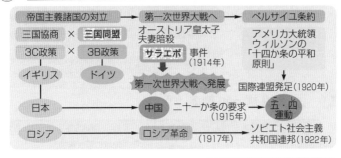

| 帝国主義諸国の対立 | → | 第一次世界大戦へ | → | ベルサイユ条約 |

三国協商 × 三国同盟
3C政策 × 3B政策
イギリス ドイツ

オーストリア皇太子夫妻暗殺
サラエボ事件(1914年)
→ 第一次世界大戦へ発展

アメリカ大統領ウィルソンの「十四か条の平和原則」
国際連盟発足(1920年)

日本 → 中国 二十一か条の要求(1915年) → 五・四運動

ロシア → ロシア革命(1917年)
ソビエト社会主義共和国連邦(1922年)

❶ サラエボ事件…1914年，**オーストリア皇太子夫妻**がサラエボで**セルビア**の青年に暗殺される→第一次世界大戦へ発展。

❷ 第一次世界大戦…連合国 対 同盟国。
● **新兵器**の登場で多くの死傷者が出る。
● 国民，資源，技術を総動員して戦う(**総力戦**)。
● 日本は**日英同盟**を理由に参戦。中国へ**二十一か条の要求**を出す。

> **二十一か条の要求**
> 一，中国政府はドイツの山東省における権利を日本に譲る。
> 一，日本の旅順・大連の租借期限，南満洲鉄道の期限を99か年延長する。 (一部要約)

❸ ロシア革命…**レーニン**が中心となり，政権を倒す→社会主義政府の誕生→社会主義の影響力をおそれた日本やアメリカが出兵(**シベリア出兵**)。

❹ ベルサイユ条約…**パリ講和会議**でドイツと結ばれる。
● 講和会議では，アメリカのウィルソン大統領が**民族自決**や国際機関の設立を提唱→**国際連盟**発足へ。

❺ 大戦の影響…女性や労働者の地位向上。アメリカの繁栄。

> 知っておきたい
> 大戦後，独立した国は東欧諸国が中心。アジア諸国の独立は第二次世界大戦後，アフリカ諸国は1960年代。

テストで注意

Q 第一次世界大戦のきっかけとなった事件を何というか。 →→→ A サラエボ事件

part 1 民家まの日本
part 2 中世の日本
part 3 近世の日本
part 4 現代日本の歩みと国際関係
part 5 2つの世界大戦と日本
part 6 現代の日本と世界

③ 国際連盟 ★★

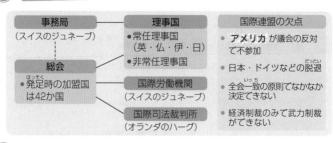

```
┌──────────────┐       ┌──────────────┐
│   事務局      │───────│   理事国      │
│(スイスのジュネーブ)│       │●常任理事国    │
└──────────────┘       │ (英・仏・伊・日) │
        ╎              │●非常任理事国   │
┌──────────────┐       └──────────────┘
│   総会        │
│●発足時の加盟国 │       ┌──────────────┐
│ は42か国      │       │  国際労働機関  │
└──────────────┘       │(スイスのジュネーブ)│
                       └──────────────┘
                       ┌──────────────┐
                       │ 国際司法裁判所 │
                       │(オランダのハーグ)│
                       └──────────────┘
```

国際連盟の欠点
● **アメリカ** が議会の反対で不参加
● 日本・ドイツなどの脱退
● 全会一致の原則でなかなか決定できない
● 経済制裁のみで武力制裁ができない

④ 国際協調への動き ★★

年	会議名	条約名	おもな内容
1921 〜 1922	ワシントン会議	四か国条約	太平洋地域の現状維持, 日英同盟の廃棄など
		九か国条約	中国の主権尊重・領土保全など
		海軍軍縮条約	主力艦(戦艦など)保有量の制限
1928	パリ会議	不戦条約	国際紛争解決の手段としての戦争を放棄
1930	ロンドン海軍軍縮会議	海軍軍縮条約	補助艦(主力艦以外)保有量の制限

⑤ アジアの民族運動 ★★

❶ 朝鮮…1919 年 3 月 1 日, 日本からの独立が宣言され, 人々が「独立万歳」を叫ぶ民衆運動が各地に広がる(**三・一独立運動**)。

❷ 中国…1919 年 5 月 4 日, パリ講和会議で二十一か条の要求が認められたことに対して反日・反帝国主義の運動が全国に広がる(**五・四運動**)。

❸ インド…1919 年, **ガンディー**が **非暴力・不服従** を唱え, イギリスに対して完全な自治を要求する。

最重要年代
暗記

講和しに おれも **行く行く** ベルサイユ
　　　　　　　　1 9 1 9

1919 年, イギリスなど連合国とドイツとの間でベルサイユ条約が
結ばれる。

☑ チェックテスト

□❶ ドイツが西アジアへの進出を図った政策を何というか。 ❶ 3B政策

□❷ ❶の政策に対し，イギリスがとった政策を何というか。 ❷ 3C政策

□❸ 次の図は，第一次世界大戦のころのヨーロッパの
国々の対立関係を示したものである。図中のA・B
にあてはまる国を答えよ。

❸ Aイタリア
Bフランス

□❹ 「ヨーロッパの火薬庫」と呼ばれた地域はどこか。 ❹ バルカン半島

□❺ 第一次世界大戦は，国民や資源，技術などを総動員
しての戦いであったことから，漢字3字で何というか。 ❺ 総力戦

□❻ 右の二十一か条の要求の，
Xにあてはまる国を答え
よ。

> 一，中国政府は， X の
> 山東省における権利を
> 日本に譲る。

❻ ドイツ

□❼ ロシア革命の中心人物はだれか。 ❼ レーニン

記述 □❽ 日本やアメリカが，シベリア出兵を行ったのはなぜか。 ❽ (例)社会主義
の影響力をお
それたから。

□❾ 1919年に結ばれた第一次世界大戦の講和条約は何か。

□❿ ❾の講和会議で，民族自決など「十四か条の平和原
則」を発表したアメリカ大統領はだれか。 ❾ ベルサイユ条約

□⓫ 国際連盟の本部が置かれたのは，スイスのどこか。 ❿ ウィルソン(大
統領)

□⓬ 1921年から始まった，軍備縮小などを目ざした会
議を何というか。 ⓫ ジュネーブ

□⓭ ⓬で結ばれた四か国条約で廃棄が決まった同盟は何か。 ⓬ ワシントン会議

□⓮ 1919年に朝鮮でおこった，日本からの独立を求め
る運動を何というか。 ⓭ 日英同盟
⓮ 三・一独立運動

□⓯ 非暴力・不服従を唱えてイギリスに対する抵抗運動
を指揮したのはだれか。 ⓯ ガンディー

｜ 21 ｜ 第一次世界大戦と戦後の世界 ｜ 99

part 1 売までの日本 / part 2 中世の日本 / part 3 近世の日本 / part 4 近代日本の歩みと国際関係 / part 5 2つの世界大戦と国際社会 / part 6 現代の日本と世界

part 5

2つの
世界大戦と日本

22. 大正デモクラシーの時代

月 日

年号も
覚えねば！

📎 年表・図解チェック

時代	中国	年代	おもなできごと・文化
大正時代	中華民国	1912	第一次護憲運動が始まる
		1914	第一次世界大戦が始まる(〜18)
		1918	米騒動がおこる
			シベリア出兵が行われる(〜22)
			原敬内閣が発足する
		1920	第1回メーデーが行われる
		1922	全国水平社，日本農民組合が結成される
		1923	関東大震災がおこる
		1924	第二次護憲運動が始まる
		1925	治安維持法，普通選挙法が制定される

大正時代の文化
● 芥川龍之介
● プロレタリア文字
● ラジオ放送開始

① 第一次護憲運動 ★

　1912年，藩閥の桂太郎が3度目の内閣総理大臣になると，人々は憲法に
基づいた政治を要求し，桂内閣の退陣を求める運動を展開する(**第一次護憲
運動**)。この運動を無視できなくなった桂内閣は翌年，退陣。

② 大戦景気 ★★

丸
暗記

❶ 好景気…第一次世界大戦中，日本は
連合国やその植民地，アメリカな
どへ工業製品を輸出したため好
景気となる(**大戦景気**)。

❷ 不景気…第一次世界大戦後，ヨーロッパが復
興したため，日本は不景気へ。1923年におこ
った**関東大震災**が経済にさらなる打撃を与える。

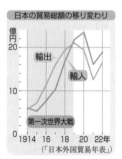

日本の貿易総額の移り変わり

輸出
輸入
第一次世界大戦

億円
20
10
0
1914 16 18 20 22年
(「日本外国貿易年表」)

知って
おきたい

第一次世界大戦中，日本は輸出額が輸入額を上回って好
景気となり，**成金**と呼ばれる金持ちが現れる。

得点UP！
● 米騒動前後の動きをおさえよう。
● 大正デモクラシーの内容を理解しよう。

③ 米騒動と政治の動き ★★★

❶ 米騒動

●背景…好景気で米などの物価が上昇する→シベリア出兵を見こした商人による米の買い占め，売り惜しみが増え，さらに米価が上昇する。

▲米騒動（「米騒動絵巻」）

●経過…富山県の漁村の主婦が米の安売りを求めて行動したことをきっかけに，同様の動きが全国へ広まる。政府は軍隊を出して鎮圧するが，内閣は総辞職。

❷ 政党内閣の誕生…平民出身の**原敬**が，陸軍・海軍・外務以外の大臣を**立憲政友会**の党員で構成する，**初の本格的政党内閣**を組織する。

> **テストで注意**
>
> Q 原敬内閣の特色は何か。 →→→ A （例）3大臣以外を政党員で構成する，初の本格的政党内閣。

④ 大正デモクラシー ★★

大正時代の自由主義と民主主義を求める風潮を**大正デモクラシー**という。

❶ 大正デモクラシーを支える主張

> **Check！**
> ・ 吉野作造→政策決定における民意の尊重を重視する**民本主義**を説く。
> ・ 美濃部達吉→主権は国家にあり，天皇は国家の最高機関とする**天皇機関説**を説く。

❷ 社会運動の広がり…労働争議が増え，1920年には日本初の労働者の祭典の**メーデー**が行われる。農村では，農民が小作料の減額などを求める**小作争議**が活発化し，1922年には全国組織の**日本農民組合**が結成される。

❸ 部落差別の解消…差別の解消を求めて京都で**全国水平社**が結成される。

> **水平社宣言** （一部要約）
> 全国に散在する部落の人々よ，団結せよ。……水平社はこうして生まれた。人の世に熱あれ，人間に光あれ。

part 1 古代の日本

part 2 中世の日本

part 3 近世の日本

part 4 近代日本の歩みと国際関係

part 5 2つの世界大戦と日本

part 6 現代の日本と世界

❹ 女性運動…**平塚らいてう**が 1911 年に**青鞜社**を設立したのに続き，1920 年には，**市川房枝**とともに**新婦人協会**を設立する。

青鞜社の宣言

元始，女性は実に太陽であった。真正の人であった。今，女性は月である。…（一部抜粋）

▲雑誌「青鞜」の表紙

⑤ 選挙法の改正 ★★★

第二次護憲運動の結果，憲政会の**加藤高明**を首相とする内閣が成立。次の 2 つの法律を成立させる。

丸暗記

❶ **治安維持法**…共産主義などを取り締まる。のちに対象が社会運動全般へと拡大。

有権者数と，総人口に占める有権者の割合

	3688万人 48.7%
	1241万人 19.8%
45万人 1.1%	98万人 2.2%	307万人 5.5%			1億620万人 83.6%

実施年	1890年	1902年	1920年	1928年	1946年	2016年
制限 直接国税	15円以上	10円以上	3円以上	普通選挙		
年齢性別	満25歳以上の男子				満20歳以上の男女	満18歳以上の男女

❷ **普通選挙法**…満 25 歳以上の男子に選挙権→有権者が 4 倍に増加。

⑥ 大正時代の文化 ★

❶ 文学　●**白樺派**…**志賀直哉**『暗夜行路』
　　　　●**新思潮派**…**芥川龍之介**『羅生門』
　　　　●**プロレタリア文学**…**小林多喜二**『蟹工船』

▲『羅生門』の表紙

❷ 大衆文化の広がり　● 1925 年に**ラジオ放送**が始まる。
　　●洋間を設けた**文化住宅**が郊外を中心に建てられる。
　　●バスガールなどの働く女性（**職業婦人**）が増加。
　　● 1 冊 1 円の**円本**，女性・児童向けの雑誌の出版。
　　●ライスカレー，コロッケなど洋食が広まる。
　　●洋装でおしゃれをした若者たちが東京・銀座などの街に出現→モダンガール（モガ），モダンボーイ（モボ）と呼ばれる。

最重要年代
暗記

買い占めで **遠く 富山** に 米騒動
　　　　　　 1 9 1 8

1918 年，富山県の漁村の主婦たちによる米の安売りを求める運動が全国に広がる（米騒動）。

☑ チェックテスト

□❶ 1912 年から始まった，憲法に基づいた政治を要求する運動を何というか。

❶ 第一次護憲運動

□❷ 第一次世界大戦中の好景気の中で急に金持ちになった者を何というか。

❷ 成金

□❸ 1918 年，富山県から全国に広まった，米の安売りを求める動きを何というか。

❸ 米騒動

□❹ 日本初の本格的政党内閣を組織した右の人物はだれか。

❹ 原敬

□❺ ❹が率いた政党を何というか。

❺ 立憲政友会

□❻ 大正時代の自由主義と民主主義を求める風潮を何というか。

❻ 大正デモクラシー

□❼ 民本主義を説いた人物はだれか。

❼ 吉野作造

□❽ 美濃部達吉が説いた，主権は国家にあり，天皇は国家の最高機関として憲法に従って統治するという学説を何というか。

❽ 天皇機関説

□❾ 1922 年，部落差別の解消を目的に京都で結成された組織を何というか。

❾ 全国水平社

□❿ 1911 年，平塚らいてうによって結成された，女性解放を目的とした女性だけの文芸団体を何というか。

❿ 青鞜社

□⓫ 第二次護憲運動の結果，1924 年に誕生した内閣の首相はだれか。

⓫ 加藤高明

記述 □⓬ ⓫が定めた普通選挙法は，どのような人々に選挙権を与えたものか。

⓬ (例)満25歳以上の男子

□⓭ 普通選挙法と同年に制定された，共産主義などを取り締まるための法律を何というか。

⓭ 治安維持法

□⓮ 小林多喜二の『蟹工船』のような，労働者や農民から見た資本主義の矛盾を描いた文学を何というか。

⓮ プロレタリア文学

□⓯ 1925 年に東京・名古屋・大阪で（　　）放送が始まり，全国に普及した。

⓯ ラジオ

part 5

2つの
世界大戦と日本

23. 世界恐慌と日中戦争

月　日

📎 年表・図解チェック

年号も
覚えねば！

時代	中国	年代	おもなできごと
大正時代		1922	ファシスト政権が成立する（イタリア）
			ソビエト社会主義共和国連邦（ソ連）が成立する
	中華民国	1927	金融恐慌がおこる
		1929	世界恐慌がおこる
		1930	昭和恐慌がおこる
昭和時代		1931	満州事変がおこる
		1932	満州国がつくられる，五・一五事件がおこる
		1933	日本が国際連盟を脱退する
			ナチス政権が成立する（ドイツ）
			ニューディール政策が始まる（アメリカ）
		1936	二・二六事件がおこる
		1937	日中戦争が始まる（〜45），日独伊防共協定が結ばれる
		1938	国家総動員法が制定される

日本の金融恐慌
→アメリカ発の世界恐慌

→世界恐慌を受けての日本の
昭和恐慌の順番だよ。

1 世界恐慌 ★★

　1929年，アメリカの**ニューヨーク**の株式市場で株価が大暴落したことをきっかけに，銀行や企業の倒産が続き，恐慌となる。その影響は世界に広がり，世界中に不況をもたらす**世界恐慌**となる。

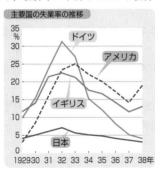

主要国の失業率の推移

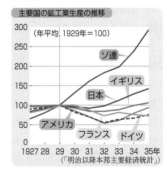

主要国の鉱工業生産の推移
（年平均，1929年＝100）
（「明治以降本邦主要経済統計」）

得点 UP!
- 世界恐慌への各国の対策をおさえよう。
- 満州事変以降の日本の動きを理解しよう。

② 各国の世界恐慌対策 ★★★

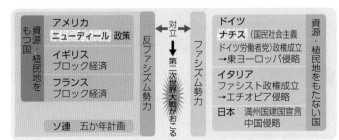

| 資源・植民地をもつ国 | アメリカ　ニューディール政策
イギリス　ブロック経済
フランス　ブロック経済
ソ連　五か年計画 | 反ファシズム勢力 | ←対立→
第二次世界大戦がおこる | ファシズム勢力 | ドイツ　ナチス（国民社会主義ドイツ労働者党）政権成立
→東ヨーロッパ侵略
イタリア　ファシスト政権成立
→エチオピア侵略
日本　満州国建国宣言
中国侵略 | 資源・植民地をもたない国 |

❶ ニューディール（新規まき直し）政策…**ローズベルト**大統領が実施。大規模な公共事業をおこし，失業者に仕事を与える政策。

❷ ブロック経済…植民地との結びつきを強め，植民地以外の国からの製品には高い関税をかけて，その製品を締め出す政策。

❸ 五か年計画…**スターリン**が実施。重工業と農業の集団化を進める政策。

❹ ファシズム…個人の利益よりも国家の利益を優先する政策。全体主義。
- イタリア→**ムッソリーニ**のファシスト党，ドイツ→**ヒトラー**のナチス。

知っておきたい　ソ連は五か年計画を進めていたため，世界恐慌の影響を受けなかった。

③ 満州事変と軍部の台頭 ★★★

❶ 事変発生…1931年，奉天郊外の柳条湖で**関東軍**が南満州鉄道を爆破（**柳条湖事件**）。これを中国側のしわざとして攻撃を始め，満州全土を占領（**満州事変**）→翌年，清の最後の皇帝**溥儀**を元首とする**満州国**の建国を宣言。

❷ 日本の国際連盟脱退…中華民国が日本の軍事行動を国際連盟に訴えたため，**リットン調査団**が調査。国際連盟は満州国を認めず，日本軍の撤兵を求めたため，日本は1933年に国際連盟からの脱退を通告する。

❸ 五・一五事件…海軍青年将校らが**犬養毅**首相を暗殺→**政党内閣が終わる**。

❹ 二・二六事件…陸軍青年将校が東京の中心部を占拠→**軍部が力を強める**。

| 23 | 世界恐慌と日中戦争 | 105

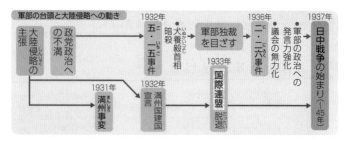

軍部の台頭と大陸侵略への動き

大陸侵略の主張 → 政党政治への不満 → 1932年 五・一五事件（犬養毅首相暗殺） → 軍部独裁を目ざす → 1936年 二・二六事件 → 軍部の政治への発言力強化・議会の無力化 → 1937年 日中戦争の始まり（〜45年）

1931年 満州事変 → 1932年 満州国建国宣言 → 1933年 国際連盟脱退

テストで注意

Q 五・一五事件はどのような意義をもつか。 →→→ A （例）政党政治が途絶える。

④ 日中戦争 ★★★

❶ 戦争勃発…1937年，北京郊外での日中両国軍の武力衝突（盧溝橋事件）をきっかけに，15年間におよぶ戦争が始まる。

❷ 中国の抵抗…国民党の蔣介石と共産党の毛沢東が抗日民族統一戦線を結成して日本軍に抵抗する。

日中戦争が始まるまで

ソ連　満州国　1931年 柳条湖事件　奉天　朝鮮　日本　北京　中華民国　南京　上海　1937年 盧溝橋事件（日中戦争の口火）　台湾

Check!
- 1931年…柳条湖事件→満州事変
- 1937年…盧溝橋事件→日中戦争

❸ 日本の戦時体制…1938年，政府が議会の承認なしに国民や物資を戦争に動員できる国家総動員法が成立。1940年に政党が解散して大政翼賛会となる。植民地の朝鮮や台湾では創氏改名などの皇民化政策を実施する。

最重要年代暗記

二・二六 ひどく寒い日に クーデター
　1　9　36

1936年2月26日に二・二六事件がおこる。この後，軍部は政治への発言力を強めていく。

☑ チェックテスト

part 1 古代までの日本
part 2 中世の日本
part 3 近世の日本
part 4 近代日本と国際関係
part 5 二つの世界大戦と日本
part 6 現代の日本と世界

解答

□❶ 1927 年，日本で多くの銀行が休業や倒産に追いこまれたできごとを何というか。

❶ 金融恐慌

□❷ 1929 年から始まった世界的な大不況を何というか。

❷ 世界恐慌

□❸ ❷のきっかけとなった株の大暴落がおこったアメリカの都市はどこか。

❸ ニューヨーク

□❹ アメリカが❷に対してとった対策を何というか。

❹ ニューディール(新規まき直し)政策

□❺ ❹を行った大統領はだれか。

❺ ローズベルト(大統領)

□❻ イギリスやフランスが❷に対してとった政策を何というか。

❻ ブロック経済

□❼ 国家の利益を優先し，個人の自由や民主主義を認めない全体主義的な独裁政治を何というか。

❼ ファシズム

□❽ ドイツで独裁政治を行ったのはだれか。また，彼が率いた政党をカタカナで何というか。

❽ ヒトラー，ナチス

□❾ イタリアで独裁政治を行ったのはだれか。また，彼が率いた政党を何というか。

❾ ムッソリーニ，ファシスト党

300 (年平均, 1929年=100)
250
200 ア
150 イ イギリス
100
50 エ フランス ウ
1927 29 31 33 35年
(「明治以降本邦主要経済統計」)

□❿ 右の図は，主要国の工業生産の推移を示している。この中でソ連にあたるものをア〜エから1つ選べ。

❿ ア

□⓫ 右の図を見て，次の問いに答えよ。

1930年 1931年 1932年 1936年 1937〜45年
昭和恐慌 → ア → W事変 → イ → X事件 → ウ → Y事件 → エ → Z戦争

①図中のW〜Zにあてはまる語句を答えよ。

②日本が国際連盟を脱退した時期を，図中のア〜エから1つ選べ。

記述 ③日本が国際連盟を脱退したのはなぜか。

⓫ ①W 満州
X 五・一五
Y 二・二六
Z 日中

②ウ

③(例) 国際連盟が満州国を認めず，日本軍の撤兵を求めたため。

□⓬ 1938 年に制定された，政府が議会の承認を得ずに，すべてを戦争に動員できる法律を何というか。

⓬ 国家総動員法

24. 第二次世界大戦と日本

月　日

年表・図解チェック

年号も
覚えねば！

時代	中国	年代	おもなできごと
昭和時代	中華民国	1939	独ソ不可侵条約が結ばれる，第二次世界大戦が始まる（～45）
		1940	日独伊三国同盟が結ばれる
		1941	日ソ中立条約が結ばれる
			大西洋憲章が発表される
			太平洋戦争が始まる（～45）
		1943	イタリアが降伏する
		1945(2月)	ヤルタ会談が行われる
		(4月)	アメリカ軍が沖縄本島上陸
		(5月)	ドイツが降伏する
		(7月)	ポツダム会談が行われる
		(8月)	広島・長崎に原子爆弾（原爆）が投下される
			ポツダム宣言を受諾し，日本が降伏する

国民生活の統制と動員

1938年…国家総動員法
1939年…国民徴用令
1940年…隣組制度
1941年…米穀配給通帳制
1942年…衣料切符制
1943年…学徒出陣，勤労動員
1944年…学童疎開（集団疎開）

① 第二次世界大戦の始まり ★

❶ 開戦…1939年，ドイツはそれまで対立していたソ連と**独ソ不可侵条約**を結んだうえで，ポーランドに侵攻→ポーランドと同盟を結んでいたイギリスやフランスがドイツに宣戦布告し，**第二次世界大戦**が始まる。

❷ 戦争の拡大…ドイツはヨーロッパ各地を攻撃し，フランスを降伏させる。ドイツの優勢な状況を見たイタリアはドイツ側で参戦。1941年，ドイツは独ソ不可侵条約を破り，ソ連に侵攻する。また，占領地では過酷な占領政策を実施し，**ユダヤ人**を迫害→ヨーロッパ各地でドイツに対する抵抗運動（**レジスタンス**）がおこる。

● 第二次世界大戦の始まりから終わりまでの過程をおさえよう。

● 太平洋戦争の開戦までと，敗戦までの過程をおさえよう。

❸ 大西洋憲章…1941年，アメリカのローズベルト大統領とイギリスのチャーチル首相が発表。民主主義を守ることや戦後の平和構想を示す。

2 太平洋戦争 ★★

❶ 日本の南進…日本は，アメリカ・イギリスの中国への補給路を断ち，石油やゴムなどの資源を得るため東南アジアへ南進を始める。

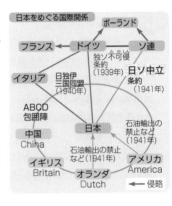

日本をめぐる国際関係

Check!

日本は1940年9月のフランス領インドシナ北部進駐後，日独伊三国同盟，日ソ中立条約を結び，1941年7月にはフランス領インドシナ南部へ進駐。これに対し，ABCD包囲陣が形成される。

❷ 日米交渉…アメリカは，中国とフランス領インドシナからの日本の撤兵を要求→交渉決裂→**東条英機**内閣は開戦を決意する。

❸ 開戦…1941年12月8日，日本海軍はハワイの**真珠湾**を奇襲攻撃，陸軍はイギリス領マレー半島に上陸し，アメリカ・イギリスへ宣戦布告。**日独伊三国同盟**を結んでいたドイツ・イタリアもアメリカに宣戦布告し，世界規模での戦争となる。

太平洋戦争で日本が戦った地域

3 戦争中の国民 ★

大学生などが軍隊に召集される**学徒出陣**，女学生・中学生の**勤労動員**が行われ，都市の小学生は空襲を避けるために農村へ集団で疎開させられる。

④ 戦争の終結 ★★

❶ イタリアとドイツの降伏…1942年の後半から連合国が反撃を開始する→1943年，ソ連軍がドイツ軍を破り，アメリカ・イギリス軍に対しイタリアが降伏→1944年，連合国軍がパリを解放→1945年５月，ドイツが降伏。

❷ 日本の敗戦

丸暗記

- ミッドウェー海戦の敗北（1942年６月）。
- サイパン島陥落（1944年７月）後，本土への空襲が激化。
- 沖縄戦（1945年４〜６月）
- 広島への原爆投下（８月６日）
- ソ連の対日宣戦布告（８月８日）
- 長崎への原爆投下（８月９日）
- ポツダム宣言の受諾（８月14日）
- 敗戦（８月15日）→天皇がラジオ放送で国民に知らせる（玉音放送）。

ポツダム宣言
6．日本国民をだまし，世界征服という誤りを犯させた軍国主義勢力は，永久に取り除かれねばならない。
8．日本国の領土は，本州，北海道，九州，四国，その他，決定する諸小島に限る。
9．日本国の軍隊は，完全に武装解除する。　　（一部要約）

ヤルタ会談
ローズベルト（米），チャーチル（英），スターリン（ソ）で会談。ドイツの戦後処理とソ連の対日参戦をヤルタ協定として確認する。

くらべる

ポツダム会談
トルーマン（米），チャーチル（のちアトリー〈英〉），スターリン（ソ）で会談。米英中の3国の名で日本への降伏文書のポツダム宣言を発表する。

知っておきたい

ソ連の対日参戦により，終戦後，中国残留日本人孤児問題，日本人のシベリア抑留問題が発生する。

最重要年代暗記

太平洋　行くよー　飛び　真珠湾
　　　　 １　９　４　１

1941年，日本軍がハワイの真珠湾を奇襲攻撃し，太平洋戦争が開始される。

☑ チェックテスト

 解答

□**❶** 1939年，ドイツとソ連との間で結ばれた，互（たが）いに侵略（しん・りゃく）しないことなどを取り決めた条約を何というか。

□**❷** 1939年，ドイツによるどこの国への侵攻（しんこう）がきっかけで，第二次世界大戦が始まったか。

□**❸** 1941年に日本とソ連との間で結ばれた，互いに侵略しないことなどを取り決めた条約を何というか。

□**❹** ❸の後，日本の南方進駐（しんちゅう）に対して，アメリカ・イギリス・中国・オランダがとった対日経済封鎖（ふうさ）を何というか。

□**❺** 太平洋戦争が始まったのは何年か。

□**❻** 太平洋戦争は，日本海軍がどこを奇襲攻撃（き・しゅうこうげき）したことによって始まったか。

□**❼** 太平洋戦争開始時の内閣総理大臣はだれか。

記述 □**❽** 右の写真は集団疎開（そ・かい）する子どものようすである。なぜ集団疎開をしたのか。

□**❾** 1945年4月のアメリカ軍の上陸により，地上戦が行われた都道府県はどこか。

□**❿** 右の写真を見て，次の問いに答えよ。
　①この建物のある都市はどこか。
　②ここに原爆（げんばく）が投下された年月日を答えよ。

□**⓫** 1945年7月に発表された，日本に無条件降伏を求めた宣言を何というか。

□**⓬** ⓫の宣言受諾（じゅだく）を連合国に通告した年月日を答えよ。

□**⓭** ⓬の翌日，天皇が国民に降伏を伝えたラジオ放送を何というか。

---

❶ 独ソ不可侵条約

❷ ポーランド

❸ 日ソ中立条約

❹ ABCD包囲陣（じん）

❺ 1941年

❻ （ハワイの）真珠湾（しんじゅわん）

❼ 東条英機（とうじょうひでき）

❽ （例）空襲（くうしゅう）が激しくなってきたから。

❾ 沖縄（県）

❿ ①広島（市）
　②1945年8月6日

⓫ ポツダム宣言

⓬ 1945年8月14日

⓭ 玉音放送（ぎょくおん）

part 1 古代までの日本
part 2 中世の日本
part 3 近世の日本
part 4 近代日本と世界の結びつき
part 5 2つの世界大戦と日本
part 6 TOKYO 現代の日本と世界

📝 まとめテスト

月　　日

解答

□❶ 1882年に結成された三国同盟の構成国はどこか。

□❷ 右の図を見て、次の問
いに答えよ。

　①3B政策をとった国
はどこか。

　②バルカン半島を図中
の⑦～①から選べ。

　③バルカン半島は、その民族や宗教問題の複雑さから
何と呼ばれていたか。

□❸ 右の文は、第一次世界大戦中
に日本が中国に要求したもの
である。これを何というか。

一，中国政府はドイツ
の山東省における権
利を日本に譲る。

□❹ 第一次世界大戦の戦勝国がドイツと結んだ講和条約
を何というか。

□❺ 1919年、中国でおこった反日・反帝国主義の運動を
何というか。

□❻ 1920年、アメリカのウィルソン大統領の提案をもと
につくられた国際組織を何というか。

□❼ 1917年のロシア革命後、日本国内で米価が異常に値
上がりしたのはなぜか。

□❽ 大正時代に民本主義を説いたのはだれか。

□❾ 1918年、立憲政友会をもとに、初の本格的政党内閣
を組織したのはだれか。

□❿ 1925年に制定された、満25歳以上の男子に選挙権を
認めた法律を何というか。

□⓫ 次の⾭～ⓒの人物と関係のあるものを右の⑦～⑦から
それぞれ選べ。
　⾭小林多喜二
　ⓑ芥川龍之介
　ⓒ志賀直哉

　⑦『暗夜行路』
　⑦『蟹工船』
　⑦『羅生門』

記述

❶ ドイツ・
オーストリア・
イタリア

❷ ① ドイツ
② ウ
③ ヨーロッパ
の火薬庫

❸ 二十一か条の
要求

❹ ベルサイユ条約

❺ 五・四運動

❻ 国際連盟

❼ (例) シベリア
出兵を見こし
た商人による
米の買い占め、
売り惜しみが
あったから。

❽ 吉野作造

❾ 原 敬

❿ 普通選挙法

⓫ ⾭イ
ⓑウ
ⓒア

□⑫ 1929 年から始まった世界的な不況を何というか。

□⑬ ⑫に対してアメリカがとった政策を何というか。

記述 □⑭ ⑫に対して，イギリスやフランスがとったブロック経済の内容を答えよ。

□⑮ 五・一五事件で暗殺された首相はだれか。

□⑯ 日中戦争のきっかけとなった，北京郊外での日中両国軍の軍事衝突を何というか。

□⑰ 陸軍の青年将校が東京中心部を占拠した事件を何というか。

□⑱ 右の図中のXでの鉄道爆破事件をきっかけにおこった日本軍による軍事行動を何というか。

ソ連
モンゴル
満州国
X
日本
北京
朝鮮
中華民国

□⑲ ⑮〜⑱の事件，できごとを年代の古い順に数字で答えよ。

□⑳ 1940 年に政党が解散してつくられた，戦争に協力するための組織を何というか。

□㉑ ドイツのポーランド侵攻により始まった戦争は何か。

□㉒ 1940 年に日本はドイツ・イタリアと何を結んだか。

□㉓ 1941 年，日本軍の真珠湾への奇襲攻撃により始まった戦争は何か。

□㉔ ㉓の戦争中，①労働力不足を補うために学生は労働に従事させられ，空襲が激しくなると都市の小学生らは農村へ集団で（ ② ）した。下線部①を何というか漢字 4 字で答え，②に入る語句を漢字 2 字で答えよ。

□㉕ ドイツの戦後処理や，ソ連の対日参戦などを決めた会談を何というか。

□㉖ 1945 年に日本が受け入れ，降伏を決めた右の宣言を何というか。

6.日本国民をだまし…軍国主義は永久に取り除かれねばならない。

9.日本軍は，完全に武装解除する。

⑫ 世界恐慌

⑬ ニューディール（新規まき直し）政策

⑭ （例）植民地以外の国からの製品には高い関税をかけ，締め出す政策。

⑮ 犬養毅

⑯ 盧溝橋事件

⑰ 二・二六事件

⑱ 満州事変

⑲ ⑱→⑮→⑰→⑯

⑳ 大政翼賛会

㉑ 第二次世界大戦

㉒ 日独伊三国同盟

㉓ 太平洋戦争

㉔ ① 勤労動員
② 疎開

㉕ ヤルタ会談

㉖ ポツダム宣言

月　日

25. 日本の民主化と復興への歩み

📎 年表・図解チェック

年号も
覚えねば！

時代	中国	年代	おもなできごと
昭和時代	中華民国	1945	ポツダム宣言を受諾する
			ＧＨＱによる日本の統治が始まる（～52）
			財閥解体が始まる
			農地改革が始まる
			女性参政権が実現する
			労働組合法が制定される
		1946	昭和天皇の「人間宣言」が出される
			極東国際軍事裁判（東京裁判）が始まる
			日本国憲法が公布される（11月3日）
		1947	**教育基本法**が制定される
			学校教育法→六・三・三・四制の実施
			労働基準法，独占禁止法が制定される
			日本国憲法が施行される（5月3日）

1949年には湯川秀樹が
日本人で初めてノーベル賞を
受賞したよ。

① 占領下の日本 ★

❶ 占領の始まり…ポツダム宣言を受諾して降伏した日本に対して，アメリカ軍を中心とする連合国軍が占領を開始。**マッカーサー**を最高司令官とする**連合国軍最高司令官総司令部（ＧＨＱ）**の指令をもとに，日本政府が政治を行う間接統治による占領政策が実施される。

❷ 占領方針…ポツダム宣言に基づく，軍国主義の排除と民主国家の建設。

● 軍国主義の排除…軍隊を解散し，戦争犯罪人（戦犯）を**極東国際軍事裁判（東京裁判）**で裁く。戦時中の要職者を公職から追放。

● 民主国家の建設…それまでの体制，憲法，法律を改め，平等な社会の建設を目ざす。

知って
おきたい

奄美群島，小笠原諸島，沖縄はアメリカ軍が直接統治→
それぞれ日本復帰は，1953年，1968年，1972年。

得点 UP!
- 戦後の民主化の内容を理解しよう。
- 日本国憲法の特色をおさえよう。

② 民主化政策 ★★★

❶ 政治の民主化…**治安維持法**が廃止され、自由な政治活動が認められる。また、それまでは満25歳以上の男子にしか認められていなかった選挙権が、選挙法の改正により**満20歳以上の男女**に認められる→1946年に戦後初の衆議院議員総選挙が行われ、女性の国会議員が誕生。

❷ 新憲法の制定…大日本帝国憲法にかわり、**日本国憲法**が制定される。

❸ 財閥解体…日本経済を支配し、戦争を支えたとして、三井・三菱・住友などの**財閥**が解体される。

❹ 農地改革…小作農の苦境が日本の侵略行為につながったと考えられたため、農村の改革が実施される。

丸暗記
内容…自作農を増やすため、地主がもつ小作地を政府が強制的に買い上げ、小作人に安く売り渡す。

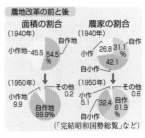

農地改革の前と後

面積の割合（1940年）
自作地~45.5
小作地 54.5

農家の割合（1940年）
自作 26.8%
小作 31.1%
自小作 42.1

（1950年）
その他 0.2
小作地 9.9
自作地 89.9%

（1950年）
その他 0.6
小作 5.1
自作 61.9%
自小作 32.4

（「完結昭和国勢総覧」など）

❺ 労働三法…**労働組合法**、**労働関係調整法**、**労働基準法**が制定される。

❻ 教育基本法…民主主義の教育、男女共学などを目ざして制定される。

テストで注意

Q 農地改革の目的は何か。 → **A** （例）自作農を増やすこと。

非軍事化と民主化

連合国軍総司令部（GHQ）の指令

非軍事化
- 軍隊の解散
- 戦争責任追及
- 極東国際軍事裁判（東京裁判）

政治の民主化
- 治安維持法廃止・政治犯釈放
- 女性参政権を認める
- 日本国憲法制定
- 三大原則　国民主権　基本的人権の尊重　平和主義

経済の民主化
- 三井・住友などの**財閥解体**
- **農地改革**→自作農の増加

社会の民主化
- 労働三法制定
- 教育基本法制定

part 1 農耕の日本
part 2 中世の日本
part 3 近世の日本
part 4 近代日本の歩みと国際関係
part 5 2つの世界大戦と日本
part 6 TOKYO 現代の日本と世界

③ **日本国憲法** ★★★

　大日本帝国憲法の改正という形で，帝国議会(貴族院・衆議院)での審議と修正を経て，**日本国憲法**が制定される。

三大原則 **→** 国民主権，基本的人権の尊重，平和主義。

	大日本帝国憲法	日本国憲法
成立	1889年2月11日発布 1890年11月29日施行	1946年11月3日公布 1947年5月3日施行
形式， 主権者	欽定憲法，天皇	民定憲法，国民
天皇	神聖不可侵，統治権をもつ元首	日本国・国民統合の象徴
国会	貴族院と衆議院の二院制 天皇の協賛(同意)機関	参議院と衆議院の二院制 国権の最高機関 唯一の立法機関
内閣	天皇を助けて政治を行う	議院内閣制
裁判所	天皇の名において裁判を行う	司法権を行使，国会や内閣に 対して独立した地位
人権	法律の範囲内で認められる	基本的人権の尊重
軍隊	天皇の統帥権，兵役の義務	平和主義
地方自治	規定なし	首長と議員は住民が選挙

Check!

日本国憲法の公布，施行を記念して，11月3日は「文化の日」，5月3日は「憲法記念日」となっている。

「あたらしい憲法のはなし」のさし絵

当時の文部省が中学生向けに発行した社会科の教科書だよ。

日本の **行く針路指す** 新憲法
　　　　1　9　4　6

日本国憲法が1946年11月3日に公布，1947年5月3日に施行される。

憲法
平和な世界を

☑️ チェックテスト

解答

□❶ 日本を占領統治したGHQの最高司令官はだれか。

❶ マッカーサー

□❷ 東条英機ら戦争犯罪人（戦犯）を裁判した極東国際軍事裁判の別名を何というか。

❷ 東京裁判

□❸ 労働運動や自由主義を弾圧するための法律がGHQの指令で廃止された。この法律は何か。

❸ 治安維持法

記述 □❹ それまで満25歳以上の男子にのみ与えられていた選挙権は，選挙法の改正で，どのような人々に与えられるようになったか。

❹ (例)満20歳以上の男女

記述 □❺ 右の図は農地改革前後のものである。農地改革の目的を明らかにしたうえで，その内容を答えよ。

❺ (例)自作農を増やすため，地主から小作地を政府が買い上げ，小作人に安く売る。

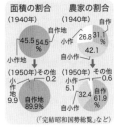

面積の割合
(1940年)
自作地 45.5 54.5%
小作地
(1950年)その他 0.2
小作地 9.9
自作地 89.9%

農家の割合
(1940年)
自作 26.8 31.1%
自小作 42.1
小作
(1950年)その他 0.6
小作 5.1
自作 61.9%
自小作 32.4

「完結昭和国勢総覧」など）

□❻ 労働三法とは，労働組合法，労働関係調整法とあと１つは何か。

❻ 労働基準法

□❼ ９年間の義務教育や男女共学などを定めた，戦後教育の基盤となった法律を何というか。

❼ 教育基本法

□❽ 右の写真は，日本国憲法公布の祝賀会のようすである。この公布年月日を答えよ。

❽ 1946年11月3日

□❾ 日本国憲法の施行年月日を答えよ。

❾ 1947年5月3日

□❿ 日本国憲法の三大原則とは，国民主権，平和主義とあと１つは何か。

❿ 基本的人権の尊重

□⓫ 日本国憲法では，主権はだれにあるか。

⓫ 国民

□⓬ 日本国憲法では，天皇は「日本国および国民統合の（　　　）」となった。

⓬ 象徴

□⓭ 日本国憲法の下では，国会は参議院と何院で構成されているか。

⓭ 衆議院

part 1 古代の日本
part 2 中世の日本
part 3 近世の日本
part 4 近代日本の歩みと国際関係
part 5 二つの世界大戦と日本
part 6 TOKYO 現代の日本と世界

26. 2つの世界と日本

🖉 年表・図解チェック

年号も覚えねば！

時代	中国	年代	おもなできごと
昭和時代	中華民国	1945	国際連合が発足する
			● アジア諸国の独立，冷戦が始まる
		1949	中華人民共和国が成立する
		1950	朝鮮戦争が始まる，警察予備隊が創設される
	中華人民共和国（台湾）	1951	サンフランシスコ平和条約，日米安全保障条約の締結
		1954	ネルー・周恩来会談が行われる（平和五原則の発表）
			自衛隊が発足する
		1955	アジア・アフリカ会議（バンドン会議）が開かれる
		1956	日ソ共同宣言（国交回復）→日本が国際連合に加盟する
		1960	日米新安全保障条約が結ばれる
		1962	キューバ危機がおこる
		1965	ベトナム戦争が激化する

① 国際連合 ★★

　1945年10月，世界の平和と安定を目ざして**国際連合**（国連）が設立される。中心組織である**安全保障理事会**は，常任理事国（5か国：アメリカ・イギリス・フランス・中国・ソ連）と非常任理事国（10か国）で構成され，常任理事国には**拒否権**が与えられている。

	国際連盟	国際連合
成立年	1920年（第一次世界大戦後）	1945年（第二次世界大戦後）
本部	スイスのジュネーブ	アメリカのニューヨーク
加盟国	発足時42か国。アメリカの不参加，ソ連の加盟遅延	51か国→193か国（2021年）五大国中心（拒否権）
議決	全会一致制	多数決制
制裁方法	経済制裁	経済制裁・武力制裁

得点 UP!
● 冷戦中の世界のようすを理解しよう。
● 戦後の日本経済の復興と発展の過程をおさえよう。

② 冷戦の世界 ★★

❶ 冷戦(冷たい戦争)…アメリカを中心とする**資本主義**(西側)諸国と, ソ連
を中心とする**社会主義**(東側)諸国の, 本当の戦争になりかねない緊張状
態。西側諸国は 1949 年に**北大西洋条約機構(ＮＡＴＯ)**を, 東側諸国は
ワルシャワ条約機構を結成する。

❷ 冷戦の影響…国家の分断が発生する。

朝鮮半島
― 朝鮮戦争の休戦協定
(1953年)による軍事
境界線
朝鮮民主主義人民
平壌● 共和国(北朝鮮)
○ソウル 38°
大韓民国
(韓国)
○釜山

● ドイツ…1949年, ドイツ連邦共和国(西ドイツ)
とドイツ民主共和国(東ドイツ)が成立。1961年に
ベルリンの壁が建設される。

● 朝鮮半島…1948 年, 南に**大韓民国**(韓国), 北に**朝
鮮民主主義人民共和国**(北朝鮮)が成立する。

● ベトナム…1950年代に南北に分断される。

❸ 朝鮮戦争…アメリカ軍中心の国連軍が韓国を, 中国の義勇軍が北朝鮮を
支援。1953 年, 北緯**38**度線付近を軍事境界線とする休戦協定が成立。

❹ キューバ危機…キューバでのミサイル基地建設をめぐる, 米ソの対立。

❺ ベトナム戦争…1965 年, アメリカが北ベトナムへの爆撃(北爆)を開始。

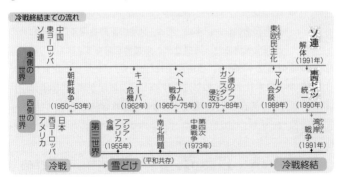

冷戦終結までの流れ

	東側の世界		西側の世界	
ソ連 東ヨーロッパ 中国				
	朝鮮戦争 (1950～53年)	キューバ危機 (1962年)	ベトナム戦争 (1965～75年)	ソ連のアフガニスタン侵攻 (1979～89年) マルタ会談 (1989年) 東欧民主化 ソ連解体 (1991年) 東西ドイツ統一 (1990年)
アメリカ 日本 西ヨーロッパ	第三世界	アジア・アフリカ会議 (1955年)	南北問題	中東第四次中東戦争 (1973年) 湾岸戦争 (1991年)
冷戦	雪どけ (平和共存)			冷戦終結

知って
おきたい
キューバ危機で, アメリカのケネディ大統領とソ連のフルシチョ
フ首相は電話会談で戦争を回避した。

part 1 古代までの日本
part 2 中世の日本
part 3 近世の日本
part 4 近代日本のあゆみと国際関係
part 5 二つの世界大戦と日本
part 6 現代の日本と世界

③ アジア・アフリカの独立 ★

❶ アジア…1955年，インドネシアのバンドンで第1回アジア・アフリカ会議(バンドン会議)が開催される→平和十原則を発表。

❷ アフリカ…1960年に17か国が独立する(「アフリカの年」)。

④ 日本の独立の回復 ★★★

❶ 特需景気…朝鮮戦争で，日本は軍需物資の生産を大量に引き受け，工業生産が増加→好景気(特需景気)となり，戦後の経済復興が早まる。

❷ 占領政策の転換…1950年，朝鮮戦争が始まると，日本の治安を維持するためにGHQの指令で警察予備隊を創設→警察予備隊は次第に強化され，1952年に保安隊，1954年に自衛隊となる。

❸ 日本の主権回復…1951年，吉田茂内閣は，アメリカなど48か国との間でサンフランシスコ平和条約を結び，同時に，アメリカと日米安全保障条約を結ぶ。翌年，日本の主権が回復。

> **テストで注意**
> Q 1960年の日米安全保障条約改定時の首相はだれか。
> A 岸信介

Check!
安保闘争→日米安全保障条約の改定をめぐる激しい反対運動。

❹ 国際舞台へ…1956年，鳩山一郎内閣によりソ連と日ソ共同宣言で国交を回復した日本は，同年，ソ連の支持も得て国際連合への加盟を実現させ，国際社会への復帰を果たす。

❺ 長期政権の成立…1955年，自由民主党(自民党)が発足して政権を握り，1993年まで日本社会党との対立を中心とした政治が続く(55年体制)。また，国内では第五福竜丸事件をきっかけに原水爆禁止運動が広がる。

最重要年代暗記

シスコまで **行く合意**でき 平和成る
　　　　　　1 9 5 1

吉田茂が調印

1951年，日本は48か国とサンフランシスコ平和条約を結ぶ。
しかし，ソ連など一部の国は条約調印を拒否。

解答

□❶ 国際連合の本部があるアメリカの都市はどこか。

❶ ニューヨーク

□❷ 常任理事国5か国と非常任理事国10か国で構成される，国際連合の中心機関を何というか。

❷ 安全保障理事会

□❸ アメリカとソ連を中心とする，直接戦火を交えない激しい対立状態を何というか。

❸ 冷戦（冷たい戦争）

□❹ 1949年にアメリカを中心としてつくられた，北大西洋条約機構の略称をアルファベットで答えよ。

❹ NATO
（ナトー）

□❺ アメリカ，ソ連のどちら側にも属さない立場で1955年に開かれた国際会議を何というか。

❺ アジア・アフリカ会議（バンドン会議）

□❻ アフリカで17か国が独立し，「アフリカの年」と呼ばれたのは何年か。

❻ 1960年

□❼ アメリカとソ連の対立を背景に，右図のXの緯線付近での軍事衝突から始まった戦争を何というか。

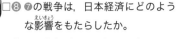

❼ 朝鮮戦争

□❽ ❼の戦争は，日本経済にどのような影響をもたらしたか。

❽ （例）特需景気となり，経済復興が早まった。

□❾ ❼の戦争がおこった1950年，GHQの指示によって創設された組織は何か。

❾ 警察予備隊

□❿ 1951年，日本と48か国との間で結ばれた講和条約を何というか。

❿ サンフランシスコ平和条約

□⓫ ❿と同時に結ばれた，アメリカ軍の日本駐留を認めた条約を何というか。

⓫ 日米安全保障条約

□⓬ ❿⓫の2つの条約を結んだ首相はだれか。

⓬ 吉田茂

□⓭ 1956年，日本とソ連が国交回復を宣言したことを何というか。

⓭ 日ソ共同宣言

□⓮ 政権を担う自由民主党（自民党）と社会党などの野党が38年間にわたり対立した政治体制を何というか。

⓮ 55年体制

□⓯ 1954年にアメリカの水爆実験で第五福竜丸が被ばくした事件をきっかけにおこった運動を何というか。

⓯ 原水爆禁止運動

part 1 古代までの日本
part 2 中世の日本
part 3 近世の日本
part 4 近代日本の歩みと国際関係
part 5 2つの世界大戦と日本
part 6 現代の日本と世界

.... 月　日

27. 日本の発展と世界の動き

年号も
覚えねば！

📎 年表・図解チェック

時代	中国	年代	おもなできごと
			● 高度経済成長
昭和時代		1964	東京オリンピック・パラリンピックが開かれる
		1965	**日韓基本条約**が結ばれる
		1968	核拡散防止条約（NPT）が採択される
		1972	沖縄の日本復帰，**日中共同声明**（日中の国交正常化）
		1973	第四次中東戦争，**石油危機**（オイル・ショック）
		1978	**日中平和友好条約**が結ばれる
		1989	東欧諸国の民主化が進む
	中華人民共和国（台湾）		**ベルリンの壁崩壊**，マルタ会談
		1990	東西ドイツが統一する
平成時代		1991	湾岸戦争がおこる，ソ連が解体する
		1993	ヨーロッパ連合（EU）が発足する
		1995	**阪神・淡路大震災**がおこる
		1996	包括的核実験禁止条約が採択される
		2001	アメリカで同時多発テロがおこる
		2002	日朝首脳会談が開かれる
		2003	イラク戦争がおこる
		2008	世界金融危機がおこる
		2011	東日本大震災がおこる
		2016	選挙権年齢が満18歳以上に引き下げられる
		2017	核兵器禁止条約が採択される
令和時代		2020	**イギリスがEUから離脱する**
			新型コロナウイルス感染症が世界的に流行する

1968年に日本の
国民総生産（GNP）は
資本主義国の中で
第2位になったよ。

EUからイギリスが
離脱したため，
EU加盟国は
27か国だよ。

知って
おきたい
北朝鮮との日朝首脳会談の結果，日本人拉致被害者5人
が帰国したが，北朝鮮による日本人拉致問題は未解決であり，
国交正常化の動きも進んでいない。

① 高度経済成長と国民生活の変化 ★★

❶ 高度経済成長…日本経済は 1955〜73 年まで, 年平均 10%程度の急成長が続く。1960 年, 池田勇人首相は「所得倍増」政策を発表。

❷ 国民生活の変化

● 1953 年にテレビ放送が開始。

● 1950 年代半ば以降, 白黒テレビ・電気洗濯機・電気冷蔵庫の「三種の神器」と呼ばれる家庭電化製品が普及。

● 1960 年代から自動車(カー)・カラーテレビ・クーラー(エアコン)の「3C」製品が普及→大量消費社会の到来。

● 人口流出による農村での過疎化。

● 公害の発生→ 1967 年公害対策基本法, 1971 年環境庁(現在の環境省)設置。

電化製品の普及

電気洗濯機
カラーテレビ
白黒テレビ
乗用車
エアコン(クーラー)
電気冷蔵庫

※ は, 前後で統計をとる方法が異なるため連続しない。

1960 65 70 75 80 85 89年
(内閣府)

四大公害病

阿賀野川流域で発生した
新潟水俣病

神通川流域で発生した
イタイイタイ病

三重県四日市市で発生した
四日市ぜんそく

水俣湾・八代海沿岸で発生した
水俣病

❸ 高度経済成長の終わり…1973 年の第四次中東戦争に際し, 石油を産出するアラブ諸国が石油戦略を実施→世界的な石油危機(オイル・ショック)により高度経済成長が終わる。

② 日本の外交 ★★★

❶ 韓国との国交…1965 年, 日韓基本条約が結ばれ, 国交が正常化する。

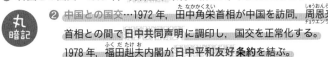

> 丸暗記

❷ 中国との国交…1972 年, 田中角栄首相が中国を訪問, 周恩来首相との間で日中共同声明に調印し, 国交を正常化する。1978 年, 福田赳夫内閣が日中平和友好条約を結ぶ。

❸ 沖縄返還…1972 年, 佐藤栄作内閣のときに沖縄の日本復帰が実現する。しかし, アメリカ軍基地は多くがそのまま残される。

❹ 領土問題…ロシアとの間で北方領土, 韓国との間で竹島の問題。尖閣諸島(中国や台湾が領有権を主張)には解決すべき領土問題は存在しない。

part 1 古代までの日本
part 2 中世の日本
part 3 近世の日本
part 4 近代日本の歩みと国際関係
part 5 二つの世界大戦と日本
part 6 現代の日本と世界

③ 冷戦後の世界 ★★

- ❶ 冷戦(冷たい戦争)の終結
  - 1985 年からソ連の**ゴルバチョフ**政権が経済の見直しを進める→失敗。
  - 東欧の民主化運動の中, 1989 年に**ベルリンの壁**が崩壊。同年, アメリカの**ブッシュ**大統領とゴルバチョフ共産党書記長との間で**マルタ会談**が行われる→**冷戦の終結**を宣言。
  - 1990 年に**東西ドイツの統一**が実現。翌 91 年に**ソ連が解体**する。
- ❷ 冷戦後の世界…民族や領土をめぐる**地域紛争**→多くの**難民**が発生。紛争の解決には国連や国連平和維持活動(**PKO**)の果たす役割が大きい。

> **✒Check!**
> 日本では1992年に国連平和維持活動協力法(PKO協力法)が成立し、
> カンボジアへ自衛隊がPKOとして初めて**派遣**される。

④ 核兵器をめぐる動き ★

- ❶ 日本の方針…核兵器を「**もたず, つくらず, もちこませず**」(非核三原則)。
- ❷ 世界の動き…1968 年に**核拡散防止条約(NPT)**, 1996 年に**包括的核実験禁止条約(CTBT)**を採択。2021 年には核兵器禁止条約が発効。

⑤ 今日の日本と世界 ★

- ❶ バブル経済…1980 年代後半, 土地がさかんに買われ, 異常に値上がりする**バブル経済**と呼ばれる好景気を迎える→1990 年代初頭に崩壊。
- ❷ 55 年体制の終わり…1993 年に非自民党内閣, 2009 年に民主党内閣が誕生。その後は自民党中心の内閣が続く。
- ❸ 世界金融危機…アメリカ企業の倒産をきっかけとする世界的な不況。

最重要年代暗記

田中・周 **ビッグな二人** が 声明出す
　　　　 1　9　7　2

日中共同声明

1972 年, 田中角栄首相と周恩来首相との日中共同声明調印により, 日中間の国交が正常化する。

☑ チェックテスト

解答

□❶ 右の東京オリンピックが
開かれたころの，日本の
経済成長を何というか。

□❷ ❶のころ，「所得倍増」を
唱えた首相はだれか。

□❸ 大気汚染や騒音など 7 種の公害を規制した，1967 年
制定の法律は何か。

□❹ ❶のころ，富山県の神通川流域で見られた公害病は
何か。

□❺ 1965 年，日本と韓国との間で結ばれた条約を何と
いうか。

□❻ 1972 年の佐藤栄作内閣のときに，ある地域がアメ
リカから日本に返還された。この地域はどこか。

□❼ 1972，日中国交を正常化した日本の首相はだれか。

□❽ 1973 年に石油価格が上昇し，世界経済が打撃を受
けたできごとを何というか。

記述 □❾ ❽は，日本経済にどのような影響を与えたか。

□❿ 1980 年代後半に日本で見られた，株価や地価の異
常な高騰による好景気を何というか。

□⓫ 冷戦の終結を宣言したアメリカとソ連の首脳による
会談を何というか。

□⓬ 冷戦後の地域紛争の中で，国を追われた多くの人々
が生まれている。これらの人々を何というか。

□⓭ 2008 年，アメリカの企業の倒産をきっかけに，世
界に広がった不況を何というか。

□⓮ 2011 年，東北地方で発生した地震をきっかけに，東
日本各地でおこった被害をまとめて何というか。

□⓯ 2020 年にヨーロッパ連合(EU)から離脱した国はど
こか。

❶ 高度経済成長

❷ 池田勇人

❸ 公害対策基本法

❹ イタイイタイ病

❺ 日韓基本条約

❻ 沖　縄

❼ 田中角栄

❽ 石油危機(オ
イル・ショック)

❾ (例)高度経済
成長を終わら
せた。

❿ バブル(経済)

⓫ マルタ会談

⓬ 難　民

⓭ 世界金融危機

⓮ 東日本大震災

⓯ イギリス

part 1 古墳での日本
part 2 中世の日本
part 3 近世の日本
part 4 近代日本の歩みと国際関係
part 5 2つの世界大戦と日本
part 6 TOKYO 現代の日本と世界

📝 まとめテスト

月　　日

解答

□❶ 連合国軍最高司令官総司令部の略称は何か。

□❷ ❶の最高司令官はだれか。

□❸ 戦後の民主化に関する次の問いに答えよ。

　①多くの自作農を生んだ政策を何というか。

　②三井・三菱などに解散を命じたことを何というか。

記述 ③右のグラフでAからBへ有権者が増えたのはなぜか。

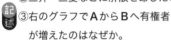

A　B

1928年
1241万人
19.8%

1946年
3688万人
48.7%

[有権者数と，総人口に占める有権者の割合]

□❹ 日本国憲法の三大原則は，平和主義，基本的人権の尊重と何か。

□❺ 1945年，世界の平和と安定を目ざして設立された組織は何か。

□❻ ❺の安全保障理事会におけるアメリカ・イギリス・フランス・ロシア・中国の五大国を何というか。

□❼ アメリカ中心の資本主義国と，ソ連中心の社会主義国との，実際の戦争ではない対立を何というか。

□❽ 1949年に，中華民国にかわって成立した中国の正式名称は何か。

□❾ 朝鮮戦争のとき，日本は(　　　)景気と呼ばれる好景気となった。

□❿ 1950年に発足した警察予備隊は，1952年に保安隊，(　①　)年に(　②　)に改組された。

□⓫ 右の写真は，1951年に日本がアメリカなど48か国と結んだ条約の調印式のようすである。この条約の調印が行われた都市はどこか。

□⓬ ⓫の条約と同日に結ばれた，日本へのアメリカ軍の駐留を認めた条約は何か。

□⓭ 1955年，第三世界の国々がインドネシアのバンドンに集まって開かれた会議を何というか。

❶ GHQ

❷ マッカーサー

❸ ① 農地改革

② 財閥解体

③(例) 選挙法の改正で，有権者が満20歳以上の男女に拡大されたから。

❹ 国民主権

❺ 国際連合(国連)

❻ 常任理事国

❼ 冷戦(冷たい戦争)

❽ 中華人民共和国

❾ 特需

❿ ① 1954
② 自衛隊

⓫ サンフランシスコ

⓬ 日米安全保障条約

⓭ アジア・アフリカ会議(バンドン会議)

□⑭ 日本は, ある国との宣言により国交を回復し, 国際連合への加盟を実現した。この宣言を何というか。

□⑮ アフリカで 17 の独立国が誕生した 1960 年は何と呼ばれるか。

□⑯ 1960 年に日米安全保障条約の改定をめぐっておきた激しい反対運動を何というか。

□⑰ ⑯ののちに日米新安全保障条約が成立したが, その直後に辞職した首相はだれか。

□⑱ 1960 年に「所得倍増」政策を発表した首相はだれか。

□⑲ 1962 年におこった, アメリカとソ連が極度に緊張したできごとを何というか。

□⑳ 東海道新幹線が営業を開始した 1964 年に, 東京で開催されたアジア初のできごとは何か。

□㉑ 1965 年にアメリカが激しい爆撃と地上軍の派遣を行って激化した戦争は何か。

□㉒ 佐藤栄作内閣は, 核兵器を「(　　　　)」という非核三原則を訴えた。

□㉓ 1972 年に中国との国交正常化を行った首相はだれか。

□㉔ 右の図で, 経済成長率が大きく下降し始める 1973 年に, 中東戦争に関連しておこったできごとは何か。

記述 □㉕ 1980 年代後半から 90 年代半ばまで続いたバブル経済とはどのような経済か。

□㉖ 右の図は日本が抱える領土問題の地域を示している。X・Y に適する語を答えよ。

※(　)の国名は領有をめぐり日本と対立している国を示す。尖閣諸島は中国や台湾が領有権を主張。

part 1 　古墳の日本

part 2 　中世の日本

part 3 　近世の日本

part 4 　近代日本の歩みと国際関係

part 5 　2つの世界大戦と日本

part 6 TOKYO 　現代の日本と世界

装丁デザイン　ブックデザイン研究所
本文デザイン　京田クリエーション
　　図　版　デザインスタジオエキス.
　イラスト　ウネハラユウジ

写真所蔵・提供
アジア歴史資料センター/国立公文書館　　宮内庁三の丸尚蔵館　　神戸市立
博物館 Photo：Kobe City Museum/DNPartcom　　国立国会図書館
東京大学史料編纂所　徳川美術館所蔵©徳川美術館イメージアーカイブ/
DNPartcom　奈良市教育委員会　日本近代文学館　白山文化博物館　ピク
スタ　平等院　福岡市博物館所蔵　画像提供：福岡市博物館/DNPartcom
毎日新聞社　ColBase (https://colbase.nich.go.jp/)　ほか
〈敬称略・五十音順〉

本書に関する最新情報は, 小社ホームページにある**本書の**「**サポート情報**」を
ご覧ください。(開設していない場合もございます。)
なお, この本の内容についての責任は小社にあり, 内容に関するご質問は直接
小社におよせください。

中学 まとめ上手 歴史

編著者	中学教育研究会	発行所	受験研究社
発行者	岡　本　明　剛		©株式会社 増進堂・受験研究社

〒550-0013　大阪市西区新町2−19−15
注文・不良品などについて：(06)6532-1581(代表)／本の内容について：(06)6532-1586(編集)

[注意] 本書の内容を無断で複写・複製(電子化を
含む)されますと著作権法違反となります。

Printed in Japan　　岩岡印刷・高廣製本
落丁・乱丁本はお取り替えします。